RÉPUBLIQUE FRANÇAISE

MINISTÈRE DE L'INTÉRIEUR

LOI DU 16 JUILLET 1912 ET DÉCRET DU 16 FÉVRIER 1913

SUR

L'EXERCICE DES PROFESSIONS AMBULANTES

ET LA

CIRCULATION DES NOMADES

complétés par les circulaires du Ministre de l'Intérieur
des 3 et 22 octobre 1913

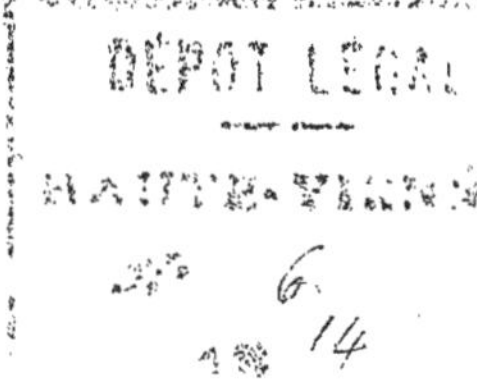

PARIS

HENRI CHARLES-LAVAUZELLE

Éditeur militaire

10, rue Danton, Boulevard Saint-Germain, 118

(MÊME MAISON A LIMOGES)

—

1914

LOI DU 16 JUILLET 1912 ET DÉCRET DU 16 FÉVRIER 1913

SUR

L'EXERCICE DES PROFESSIONS AMBULANTES

ET LA CIRCULATION DES NOMADES

RÉPUBLIQUE FRANÇAISE

MINISTÈRE DE L'INTÉRIEUR

LOI DU 16 JUILLET 1912 ET DÉCRET DU 16 FÉVRIER 1913

SUR

L'EXERCICE DES PROFESSIONS AMBULANTES

ET LA

CIRCULATION DES NOMADES

complétés par les circulaires du **Ministre de l'Intérieur**
des 3 et 22 octobre 1913

PARIS

HENRI CHARLES-LAVAUZELLE

Éditeur militaire

10, rue Danton, Boulevard Saint-Germain, 118

(MÊME MAISON A LIMOGES)

—

1914

RÉPUBLIQUE FRANÇAISE

MINISTÈRE DE L'INTÉRIEUR

LOI DU 16 JUILLET 1912 ET DÉCRET DU 16 FÉVRIER 1913

SUR

L'EXERCICE DES PROFESSIONS AMBULANTES

ET LA CIRCULATION DES NOMADES

Loi sur l'exercice des professions ambulantes et la réglementation de la circulation des nomades.

Le Sénat et la Chambre des députés ont adopté.

Le Président de la République promulgue la loi dont la teneur suit :

Art. 1er. Tous individus domiciliés en France ou y possédant une résidence fixe, qui voudront, quelle que soit leur nationalité, exercer une profession, une industrie ou un commerce ambulants, seront tenus d'en faire la déclaration à la préfecture ou à la sous-préfecture de l'arrondissement où ils ont leur domicile ou leur résidence fixe.

La déclaration comprendra les noms, prénoms, professions, domiciles, résidences, dates et lieux de naissance des déclarants. Récépissé leur en sera délivré sur la seule justification de leur identité.

L'exercice d'une profession, d'une industrie ou d'un commerce ambulants sans déclaration préalable et le défaut de présentation du récépissé, visé au paragraphe précédent, à toute réquisition des officiers de police judiciaire ou des agents de la force ou de l'autorité publique constitueront des contraventions. Les contrevenants seront punis d'une amende de cinq à quinze francs (5 à 15 francs) et pourront l'être, en outre, d'un emprisonnement d'un à cinq jours. En cas de récidive ou de déclaration mensongère, l'emprisonnement sera prononcé.

Art. 2. Tous individus de nationalité française qui, n'ayant en France ni domicile, ni résidence fixe, voudront circuler sur le territoire français pour exercer la profession de commerçants ou industriels forains, devront demander un carnet d'identité reproduisant leur signalement avec photographie à l'appui et énonçant leurs noms, prénoms, lieux et dates de naissance, ainsi que leur dernier domicile ou leur dernière résidence avec l'indication du genre de commerce ou d'industrie qu'ils entendront exercer.

Ce carnet sera délivré par le préfet pour l'arrondissement du chef-lieu du département, et par le sous-préfet pour les autres arrondissements.

Le carnet d'identité des commerçants et industriels forains devra être présenté à toute réquisition des officiers de police judiciaire ou des agents de la force ou de l'autorité publique.

Tous individus sans domicile ni résidence fixe qui accompagneront les commerçants ou industriels forains devront, dans les mêmes conditions, être munis d'un carnet d'identité.

Les commerçants et industriels forains ne pourront employer les personnes visées au paragraphe précédent qu'après s'être assurés qu'elles sont bien pourvues du carnet d'identité.

Toute infraction aux dispositions du présent article sera punie d'une amende de seize à cent francs (16 à 100 francs) et d'un emprisonnement de cinq jours à un mois ou de l'une de ces deux peines seulement. En cas de récidive ou de déclaration mensongère, la peine d'emprisonnement sera nécessairement prononcée.

Art. 3. Sont réputés nomades pour l'application de la présente loi, quelle que soit leur nationalité, tous individus circulant en France, sans domicile ni résidence fixes et ne rentrant dans aucune des catégories ci-dessus spécifiées, même s'ils ont des ressources ou prétendent exercer une profession. Ces nomades devront être munis d'un carnet anthropométrique d'identité.

Ceux qui se trouveront en France lors de la mise à exécution de la loi devront, dans un délai d'un mois, demander le carnet prévu au paragraphe précédent, soit au préfet dans l'arrondissement chef-lieu du département, soit au sous-préfet dans les autres arrondissements.

Les nomades venant de l'étranger ne seront admis à circuler en France qu'à la condition de justifier d'une identité certaine, constatée par la production de pièces authentiques, tant pour eux-mêmes que pour toutes personnes voyageant avec eux. Ils adresseront leur demande de carnet à la préfecture ou à la sous-préfecture du département ou de l'arrondissement frontière.

La délivrance du carnet anthropométrique d'identité ne sera jamais obligatoire pour l'administration. Elle ne fera pas obstacle à l'application des dispositions de la loi du 3 décembre 1849 sur le séjour des étrangers en France, non plus qu'à l'exercice des droits reconnus aux maires sur le territoire de leurs communes, par les lois et règlements relatifs au stationnement des nomades.

Tous nomades séjournant dans une commune devront, à leur arrivée et à leur départ, présenter leurs carnets à fin de visa, au commissaire de police, s'il s'en trouve un dans la commune, sinon au commandant de la gendarmerie et, à défaut de brigade de gendarmerie, au maire.

Le carnet anthropométrique d'identité devra être présenté par son titulaire à toute réquisition des officiers de police judiciaire ou des agents de la force ou de l'autorité publique.

Toute infraction aux dispositions du présent article sera punie des peines édictées contre le vagabondage.

Art. 4. Le carnet anthropométrique d'identité est individuel. Toutefois, le chef de famille devra se munir d'un carnet collectif comprenant tous les membres de la famille.

Les mentions à porter sur ces carnets seront déterminées par les règlements d'administration publique prévus à l'article 10 de la présente loi. Elles comporteront notamment :

1° L'état civil et le signalement de toutes les personnes voyageant avec le chef de famille, ainsi que les liens de droit ou de parenté le rattachant à chacune de ces personnes;

2° La mention, au fur et à mesure qu'ils interviendront, des actes de naissance, de mariage, de divorce et de décès des personnes ci-dessus visées. Dans chacune de ces circonstances, le carnet devra être produit aux officiers de l'état civil pour l'inscription desdites mentions;

3° Le numéro de la plaque de contrôle spécial dont devront être munis, à compter de la mise à exécution de la présente loi, les véhicules de toute nature employés par les nomades, indépendamment des plaques prévues par les articles 3 de la loi du 30 mai 1851, et 16 du décret du 10 août 1852.

Toute infraction aux dispositions du présent article sera punie des peines portées aux articles 479 et 480 du Code pénal.

Art. 5. Seront punis de deux à cinq années d'emprisonnement et d'une amende de cent à mille francs (100 à 1.000 francs) :

Ceux qui auront fabriqué, soit un faux récépissé de la déclaration prévue à l'article 1ᵉʳ, soit un faux carnet d'identité, soit une fausse plaque spéciale de contrôle.

Ceux qui auront altéré ou falsifié, soit un récépissé, soit un carnet d'identité originairement véritables, soit une plaque spéciale de contrôle, ou qui auront sciemment fait usage d'un récépissé de déclaration ou d'un carnet d'identité fabriqué, altéré ou falsifié, ou d'une plaque spéciale de contrôle fabriquée, altérée ou falsifiée.

Art. 6. Seront punis d'un emprisonnement de deux à six mois et d'une amende de cinquante à cinq cents francs (50 à 500 francs) :

Tous individus qui, pour obtenir soit le récépissé de déclaration prévu à l'article 1ᵉʳ, soit le carnet d'identité prévu aux articles 2, 3 et 4, auront pris un nom supposé, quand même cette supposition de nom n'aurait pas pour effet de faire inscrire une condamnation au casier judiciaire d'un tiers réellement existant.

Tous individus qui auront fait usage d'un carnet délivré sous un autre nom que le leur ou ne s'appliquant pas à leur personne.

Art. 7. En cas d'infraction soit à la présente loi, soit aux lois et règlements de police, les voitures et animaux des nomades pourront être provisoirement retenus, à moins de caution suffisante. Les frais de fourrière seront à la charge des délinquants ou contrevenants; au cas de non-payement, le jugement de condamnation ordonnera la vente dans les formes prévues par l'article 617 du Code de procédure civile.

Art. 8. Les dispositions des articles 1ᵉʳ, 2, 3 et 4 ci-dessus ne sont pas applicables aux salariés de toute catégorie qui travaillent d'habitude dans les entreprises industrielles, commerciales ou agricoles.

Art. 9. Les articles 1ᵉʳ et 3 de la loi du 8 août 1893 sont modifiés et complétés comme il suit :

« *Art. 1ᵉʳ*. Tout étranger non admis à domicile, arrivant dans une commune pour y exercer une profession, un commerce ou une industrie, devra faire au maire ou au commissaire de police, délégué à cet effet par le maire, une déclaration de résidence en justifiant de son identité, dans les huit jours de son arrivée. Aucune déclaration ne pourra être accueillie par le maire ou le commissaire de police, si celui qui l'a faite ne justifie pas des pièces d'identité requises par le règlement d'administration publique prévu ci-après. Il sera tenu, à cet effet, un registre d'immatriculation des étrangers, suivant la forme déterminée par un arrêté ministériel.

« Un extrait de ce registre sera délivré au déclarant, dans la forme des actes de l'état civil, moyennant les mêmes droits.

« En cas de changement de commune, l'étranger fera viser son certificat d'immatriculation, dans les deux jours de son arrivée, à la mairie ou au commissariat de police de sa nouvelle résidence.

« *Art. 3.* L'étranger qui n'aura pas fait la déclaration imposée par la loi dans le délai déterminé, ou qui n'aura pas fait viser son certificat d'immatriculation en cas de changement de résidence, ou qui refusera de produire son certificat à la première réquisition, sera passible d'une amende de cinquante à deux cents francs (50 à 200 francs).

« Celui qui aura fait sciemment une déclaration fausse ou inexacte, qui aura dissimulé ou tenté de dissimuler son identité au moyen de faux papiers même lorsque l'usage ou la tentative d'usage de faux papiers ne sauraient avoir pour effet de porter une condamnation au casier judiciaire d'un tiers sera passible d'un emprisonnement de deux à six mois et d'une amende de cent à trois cents francs (100 à 300 francs) et, s'il y a lieu, de l'interdiction temporaire ou indéfinie du territoire français.

« L'étranger expulsé du territoire français, et qui serait rentré sans l'autorisation du gouvernement, sera condamné à un emprisonnement de un à six mois; il sera, après l'expiration de sa peine, reconduit à la frontière.

« L'article 463 du Code pénal est applicable au cas prévu par la présente loi. »

Art. 10. La présente loi sera applicable six mois après sa promulgation.

Avant l'expiration de ce délai, des règlements d'administration publique détermineront les conditions d'application de la loi, notamment en ce qui touche la délivrance et les modalités du carnet anthropométrique d'identité pour les nomades, les mentions et les visas à porter sur ce carnet, ainsi que la nature et les indications de la plaque spéciale de contrôle prévue par l'article 4.

Art. 11. Un règlement spécial d'administration publique, rendu après avis du conseil supérieur d'hygiène publique de France, déterminera les mesures de prophylaxie, notamment les vaccinations et revaccinations périodiques, auxquelles devront être soumis tous les ambulants forains et nomades, ainsi que les étrangers visés à l'article 9 assujettis à la présente loi.

Les infractions aux dispositions de ce règlement d'administration publique seront punies d'un emprisonnement de six jours à un mois et d'une amende de seize à deux cents francs (16 à 200 francs) ou de l'une de ces deux peines seulement.

Art. 12. L'article 463 du Code pénal est applicable aux cas prévus par la présente loi.

Art. 13. Toutes dispositions contraires à la présente loi sont abrogées, sans qu'il soit en rien dérogé aux lois et règlements en vigueur concernant les pouvoirs du préfet de police, des préfets des départements et des autorités municipales pour la police de la voie publique, des halles, marchés, fêtes locales et, généralement, pour la protection du bon ordre, de la sûreté et de la salubrité publiques.

Art. 14. Des règlements d'administration publique détermineront les conditions dans lesquelles la présente loi sera applicable à l'Algérie et aux colonies de la Guadeloupe, de la Martinique et de la Réunion.

La présente loi, délibérée et adoptée par le Sénat et par la Chambre des députés, sera exécutée comme loi de l'Etat.

Fait à Paris, le 16 juillet 1912.

A. FALLIERES.

Par le Président de la République :

Le Ministre de l'intérieur,

T. STEEG.

*Décret portant règlement d'administration publique pour l'exé-
cution de la loi du 16 juillet 1912 sur l'exercice des professions
ambulantes et la réglementation de la circulation des nomades.*

Paris, le 16 février 1913.

Le Président de la République française,

Sur le rapport du président du conseil, Ministre de l'intérieur,

Vu la loi du 16 juillet 1912 sur l'exercice des professions
ambulantes et la réglementation de la circulation des nomades,
et notamment l'article 10 ainsi conçu :

« La présente loi sera applicable six mois après sa promulgation.

« Avant l'expiration de ce délai, des règlements d'administration publique détermineront les conditions d'application de la loi,
notamment en ce qui touche la délivrance et les modalités du
carnet anthropométrique d'identité pour les nomades, les mentions et les visas à porter sur ce carnet, ainsi que la nature et les
indications de la plaque spéciale de contrôle prévue par l'article 4 »;

Le conseil d'Etat entendu,

Décrète :

TITRE Ier.

AMBULANTS.

Art. 1er. La déclaration prévue par l'article 1er de la loi du
16 juillet 1912 est exigée de tous ceux qui, Français ou étrangers,
exercent une profession, une industrie ou un commerce ambulants soumis ou non à la patente, hors de la commune dans
laquelle ils ont soit leur résidence fixe, soit un domicile où ils
reviennent périodiquement pour y séjourner dans l'intervalle de
leurs tournées.

Cette déclaration ne dispense pas les étrangers de celle qu'ils
doivent faire en vertu de la loi du 8 août 1893 modifiée par
l'article 9 de la loi du 16 juillet 1912.

Pour le département de la Seine, la déclaration doit être faite
à la préfecture de police.

Art. 2. A l'appui de leur déclaration qui doit comprendre l'indication de la nationalité, des nom, prénoms, domicile ou résidence, date et lieu de naissance, profession, les intéressés doivent produire toutes pièces justificatives de nature à établir leur identité.

Ils doivent justifier de leur domicile ou de leur résidence par un certificat du commissaire de police ou, à défaut de commissaire de police, par un certificat du maire de la commune établissant qu'ils exercent une profession, une industrie ou un commerce ambulants et qu'ils reviennent périodiquement dans cette commune.

Ils produisent également, à moins qu'ils n'exercent une profession, une industrie ou un commerce compris dans les exceptions prévues par la loi des patentes, l'extrait du rôle des patentes les concernant.

Un récépissé de leur déclaration, indiquant la profession, l'industrie ou le commerce qu'ils exercent, leur est aussitôt délivré.

Art. 3. En cas de perte du récépissé, le titulaire doit se pourvoir d'un nouveau récépissé, en se conformant aux prescriptions indiquées à l'article 2.

TITRE II.

FORAINS.

Art. 4. Tout forain, c'est-à-dire tout individu de nationalité française qui, n'ayant en France ni domicile ni résidence fixe, se transporte habituellement pour exercer sa profession, son industrie ou son commerce, dans les villes et villages, les jours de foire, de marché ou de fête locale, doit déposer à la préfecture ou à la sous-préfecture de l'arrondissement dans lequel il se trouve une demande à l'effet d'obtenir le carnet d'identité prescrit par l'article 2 de la loi du 16 juillet 1912.

A l'appui de sa demande. l'intéressé doit justifier de son identité, prouver qu'il possède la nationalité française et déposer trois épreuves de sa photographie sur papier simple; une épreuve est collée sur le carnet d'identité.

La même obligation est imposée à tout individu sans domicile ni résidence fixe qui accompagne un forain ou est employé par lui.

Toutefois, il n'est pas établi de carnet d'identité pour les enfants qui n'ont pas treize ans révolus, appartenant à la famille du forain ou à celles de ses employés.

Pour le département de la Seine, la demande doit être adressée à la préfecture de police.

Art. 5. Le carnet d'identité des forains porte un numéro d'ordre et la date de sa délivrance.

Il est établi dans les préfectures et les sous-préfectures des notices contenant toutes les indications figurant aux carnets visés ci-dessus. Un double de chaque notice est adressé au ministère de l'intérieur.

Art. 6. En cas de perte du carnet d'identité, le titulaire fait immédiatement une déclaration de perte à la préfecture ou à la sous-préfecture, s'il se trouve dans un chef-lieu de département ou d'arrondissement, dans les autres localités au commissariat de police et, à défaut de commissariat, à la brigade de gendarmerie la plus voisine. Il y mentionne le lieu où le premier carnet a été délivré. Récépissé de sa déclaration lui est aussitôt remis. Ce récépissé est valable pendant huit jours jusqu'à la délivrance du nouveau carnet d'identité qui doit porter la mention « duplicata ».

TITRE III.

NOMADES.

Art. 7. Tout individu réputé nomade dans les conditions prévues à l'article 3 de la loi du 16 juillet 1912 doit déposer à la préfecture ou à la sous-préfecture de l'arrondissement dans lequel il se trouve une demande à l'effet d'obtenir un carnet anthropométrique d'identité.

Il est tenu de justifier de son identité.

Il doit, pour le département de la Seine, adresser sa demande à la préfecture de police.

Art. 8. Le carnet anthropométrique porte les nom et prénoms, ainsi que les surnoms sous lesquels le nomade est connu, l'indication du pays d'origine, la date et le lieu de naissance, ainsi que toutes les mentions de nature à établir l'identité.

Il doit, en outre, recevoir le signalement anthropométrique qui indique notamment la hauteur de la taille, celle du buste, l'envergure, la longueur et la largeur de la tête, le diamètre bizygomatique, la longueur de l'oreille droite, la longueur des doigts médius et auriculaire gauches, celle de la coudée gauche, celle du pied gauche, la couleur des yeux : des cases sont réservées pour les empreintes digitales et pour les deux photographies (profil et face) du porteur du carnet.

Tout carnet anthropométrique porte un numéro d'ordre et la date de la délivrance.

Il n'est pas établi de carnet d'identité pour les enfants qui n'ont pas treize ans révolus.

Art. 9. Indépendamment du carnet anthropométrique d'identité, obligatoire pour tout nomade, le chef de famille ou de groupe doit être muni d'un carnet collectif concernant toutes les personnes rattachées au chef de famille par des liens de droit ou comprises, en fait, dans le groupe voyageant avec le chef de famille. Ce carnet collectif, qui est délivré en même temps que le carnet anthropométrique individuel, contient :

1° L'énumération de toutes les personnes constituant la famille ou le groupe et l'indication, au fur et à mesure qu'elles se produisent, des modifications apportées à la constitution de la famille ou du groupe;

2° L'état civil et le signalement de toutes les personnes accompagnant le chef de famille ou de groupe, avec l'indication des liens de droit ou de parenté le rattachant à chacune de ces personnes;

3° La mention des actes de naissance, de mariage, de divorce et de décès des personnes ci-dessus visées;

4° Le numéro de la plaque de contrôle spécial décrite à l'article 14 du présent décret;

5° Les empreintes digitales des enfants qui n'ont pas treize ans révolus;

6° La description des véhicules employés par la famille ou le groupe.

Le carnet collectif indique les numéros d'ordre des carnets anthropométriques délivrés à chacun des membres de la famille ou du groupe.

Art. 10. Il est établi, dans les préfectures et sous-préfectures, des notices individuelles et collectives contenant toutes les indications figurant aux carnets visés ci-dessus. Un double de chaque notice est adressé au ministère de l'intérieur.

Art. 11. En cas de perte du carnet anthropométrique d'identité ou du carnet collectif, le titulaire fait immédiatement une déclaration de perte à la préfecture, ou à la sous-préfecture de l'arrondissement dans lequel il se trouve. Un récépissé provisoire lui est aussitôt remis : ce récépissé tient lieu de carnet jusqu'à ce qu'il lui ait été délivré un nouveau carnet ou qu'il lui ait été notifié le refus de carnet, sans que ce délai puisse excéder trois jours. Le nouveau carnet qui peut être délivré, si les justifications produites par le demandeur sont suffisantes, porte la mention « duplicata ».

Art. 12. Tout nomade devant séjourner dans une commune doit, à son arrivée et à son départ, faire viser son carnet individuel par le commissaire de police; à défaut ou en l'absence de commissaire de police, par le commandant de la brigade de gendarmerie, et, à défaut de brigade de gendarmerie, par le maire de ladite commune.

Tous les agents de la force ou de l'autorité publique rencontrant des nomades en cours de route doivent se faire présenter les carnets individuels et collectifs et apposer leurs visas sur le carnet individuel.

Les visas de ces diverses autorités sont apposés sur les cases du carnet individuel, avec indication du lieu, du jour et de l'heure.

Art. 13. Lorsque toutes les cases du carnet anthropométrique sont remplies par les visas des diverses autorités énumérées ci-dessus, le titulaire doit demander à la préfecture ou à la sous-préfecture de l'arrondissement dans lequel il se trouve un nouveau carnet anthropométrique d'identité.

Ce carnet lui est remis en échange de l'ancien qui doit être conservé, au moins pendant dix ans, aux archives de la préfecture ou de la sous-préfecture.

Mention de la délivrance du nouveau carnet anthropométrique est faite sur le carnet collectif.

Art. 14. La plaque de contrôle spécial prescrite par l'article 4 de la loi du 16 juillet 1912 est apposée à l'arrière de la voiture d'une façon apparente. Elle doit mesurer au moins 18 centimètres de hauteur sur 36 de largeur, porter un numéro d'ordre en chiffres de 10 centimètres de hauteur, l'inscription « loi du 16 juillet 1912 » et l'estampille du ministère de l'intérieur.

Elle est délivrée par les préfectures et les sous-préfectures dans les mêmes conditions que les carnets d'identité.

Dans le cas où cette plaque serait délivrée postérieurement au carnet collectif, mention doit en être faite sur ce carnet et avis en est donné au ministère de l'intérieur.

En cas de perte de la plaque, le chef de famille ou de groupe fait immédiatement une déclaration de perte à la préfecture ou à la sous-préfecture de l'arrondissement dans lequel il se trouve. Un récépissé de la déclaration lui est délivré. Cette pièce devra être restituée au moment de la remise de la nouvelle plaque.

En cas de vente ou de destruction de voiture, le chef de famille ou de groupe doit en faire la déclaration à la préfecture ou, à la sous-préfecture de l'arrondissement dans lequel il se trouve. S'il remplace immédiatement la voiture vendue ou détruite, la plaque dont celle-ci était munie est apposée sur le nouveau véhicule, dont la description sera portée sur le carnet collectif, conformément aux prescriptions de l'article 9 du présent décret.

Si le chef de famille ou de groupe ne remplace pas immédiatement la voiture vendue ou détruite, il doit déposer la plaque à la préfecture ou à la sous-préfecture. Mention de la suppression de voiture et du dépôt de la plaque est faite au carnet collectif.

Les préfectures et les sous-préfectures signalent sans retard au ministère de l'intérieur les déclarations de pertes de plaques, les ventes ou destructions de voitures, les dépôts de plaque et les appositions de plaque sur les nouveaux véhicules.

TITRE IV.

DISPOSITIONS GÉNÉRALES.

Art. 15. Des arrêtés ministériels détermineront les dispositions de détail concernant :

1° Le récépissé de déclaration délivré aux individus exerçant une profession, une industrie ou un commerce ambulants;

2° Le carnet d'identité des commerçants ou industriels forains, ainsi que les photographies qu'ils doivent déposer à l'appui de leur demande;

3° Le carnet anthropométrique d'identité délivré aux nomades;

4° Le carnet collectif délivré aux chefs de famille ou de groupe;

5° La plaque de contrôle spécial dont sont munis les véhicules employés par les nomades;

6° Les notices individuelles des forains et les notices individuelles et collectives des nomades conservées au ministère de l'intérieur et dans les préfectures et sous-préfectures.

Art. 16. Un délai d'un mois, à dater de la publication du présent décret, est accordé aux individus exerçant un métier ambulant, aux commerçants et industriels forains, aux nomades pour se conformer aux prescriptions qui précèdent.

Art. 17. Le président du conseil, Ministre de l'intérieur, est chargé de l'exécution du présent décret, qui sera publié au *Journal officiel* de la République française et inséré au *Bulletin des lois*.

Fait à Paris, le 16 février 1913.

A. FALLIÈRES.

Par le Président de la République :

Le président du conseil, Ministre de l'intérieur,

Aristide Briand.

---

*Arrêté ministériel pour l'application du décret
du 16 février 1913.*

Le Ministre de l'intérieur,

Vu les articles 1, 2, 3 et 4 de la loi du 16 juillet 1912 sur l'exercice des professions ambulantes et la réglementation de la circulation des nomades;

Vu le décret du 16 février 1913 portant règlement d'administration publique pour l'exécution de ladite loi, et notamment l'article 15 ainsi conçu :

« Des arrêtés ministériels détermineront les dispositions de détail concernant :

« 1° Le récépissé de déclaration délivré aux individus exerçant une profession, une industrie ou un commerce ambulants;

« 2° Le carnet d'identité des commerçants ou industriels forains, ainsi que les photographies qu'ils doivent déposer à l'appui de leur demande;

« 3° Le carnet anthropométrique d'identité délivré aux nomades;

« 4° Le carnet collectif délivré aux chefs de famille ou de groupe;

« 5° La plaque de contrôle spécial dont sont munis les véhicules employés par les nomades.

« 6° Les notices individuelles des forains et les notices individuelles et collectives des nomades conservées au ministère de l'intérieur et dans les préfectures et sous-préfectures. »

Arrête :

Art. 1. Les récépissés de déclaration délivrés aux individus exerçant une profession, une industrie ou un commerce ambulants sont détachés d'un registre à souche, conforme au modèle ci-annexé.

Art. 2. La photographie que tout commerçant ou industriel forain doit déposer, en triple exemplaires, à l'appui de sa demande de carnet d'identité, sera de profil (côté droit) et aura une dimension de 3 à 4 centimètres, mesurée de l'insertion des cheveux à la pointe du menton.

Art. 3. Le carnet d'identité des commerçants et industriels forains;

Le carnet anthropométrique d'identité délivré aux nomades;

Le carnet collectif délivré aux chefs de famille ou de groupe de nomades;

Les notices individuelles des forains et les notices individuelles et collectives des nomades;

La plaque de contrôle spécial dont sont munis les véhicules employés par les nomades; sont respectivement conformes aux modèles ci-annexés.

Fait à Paris, le 26 mars 1913.

L.-L. Klotz.

Modèle n° 1.
Largeur : 0ᵐ,20 ; hauteur : 0ᵐ27.

DÉPARTEMENT
d

PRÉFECTURE
ou
SOUS-PRÉFECTURE
d

MARCHANDS AMBULANTS

N° d'ordre :

SIGNALEMENT :

Age   ans.
Taille 1   cent.
Cheveux
Yeux
Nez { dos (7) / base (8)
Barbe
Teint

Signes particuliers :

RÉPUBLIQUE FRANÇAISE.

RÉCÉPISSÉ DE DÉCLARATION

Le (1)
le nommé (2)
né à (3)
de
et de
demeurant à
de nationalité
s'est présenté à la (4)
et a déclaré vouloir exercer la profession de
Le nommé
a justifié de son identité en produisant
à l'appui de sa déclaration (5)
Le présent récépissé lui a été délivré en exécution de l'article premier de la loi du 16 juillet 1912.
Le (6)

Signature du déclarant,

(1) Date.
(2) Nom et prénoms.
(3) Lieu et date de naissance.
(4) Nom de la Préfect. ou de la S.-Préf.
(5) Nature des pièces produites.

(6) Préfet ou Sous-Préfet.
(7) Répondre par r = rectiligne ; c = cave ; v ou b = vexe ou busqué.
(8) Répondre par r = relevée ; h = horizontale ; a b = abaissée.

NOTA. — Le présent récépissé doit être présenté à toute réquisition des officiers de police judiciaire ou des agents de l'autorité publique, sous peine d'une contravention punie d'une amende de 5 francs à 15 francs et, en outre, d'un emprisonnement de 1 à 5 jours (Art. 1ᵉʳ de la loi du 16 juill. 1912).

La fabrication d'un faux récépissé de déclaration, la falsification d'un récépissé de déclaration, l'usage sciemment fait d'un récépissé fabriqué, altéré ou falsifié, sont punis de 2 à 5 ans de prison et d'une amende de 100 à 1.000 francs (Art. 5 de la loi du 16 juillet 1912).

DÉPARTEMENT
d

PRÉFECTURE
ou
SOUS-PRÉFECTURE
d

MARCHANDS AMBULANTS

N° d'ordre :

SIGNALEMENT :

Age   ans.
Taille 1   cent.
Cheveux
Yeux
Nez { dos (7) / base (8)
Barbe
Teint

Signes particuliers :

RÉPUBLIQUE FRANÇAISE.

RÉCÉPISSÉ DE DÉCLARATION

Le (1)
le nommé (2)
né à (3)
de
et de
demeurant à
de nationalité
s'est présenté à la (4)
et a déclaré vouloir exercer la profession de
Le nommé
a justifié de son identité en produisant
à l'appui de sa déclaration (5)
Le présent récépissé lui a été délivré en exécution de l'article premier de la loi du 16 juillet 1912.
Le (6)

Signature du déclarant :

(1) Date.
(2) Nom et prénoms.
(3) Lieu et date de naissance.
(4) Nom de la Préfect. ou de la S.-Préf.
(5) Nature des pièces produites.

(6) Préfet ou Sous-Préfet.
(7) Répondre par r = rectiligne ; c = cave ; v ou b = vexe ou busqué.
(8) Répondre par r = relevée ; h = horizontale ; a b = abaissée.

NOTA. — Le présent récépissé doit être présenté à toute réquisition des officiers de police judiciaire ou des agents de l'autorité publique, sous peine d'une contravention punie d'une amende de 5 francs à 15 francs et, en outre, d'un emprisonnement de 1 à 5 jours (Art. 1ᵉʳ de la loi du 16 juill. 1912).

La fabrication d'un faux récépissé de déclaration, la falsification d'un récépissé de déclaration, l'usage sciemment fait d'un récépissé fabriqué, altéré ou falsifié, sont punis de 2 à 5 ans de prison et d'une amende de 100 à 1.000 francs (Art. 5 de la loi du 16 juillet 1912).

RÉCÉPISSÉ DE DÉCLARATION

— 19 —

RÉPUBLIQUE FRANÇAISE.
LIBERTÉ, ÉGALITÉ, FRATERNITÉ

MODÈLE N° 2.

Largeur....... 0ᵐ14
Hauteur...... 0ᵐ17

N°

CARNET D'IDENTITÉ

FORAINS DE NATIONALITÉ FRANÇAISE

Loi du 16 juillet 1912 et Règlement du 16 février 1913.

Photographie ayant une dimension de 3 à 4 centimètres entre l'insertion des cheveux et la pointe du menton.

(Sceau)

Signalement   (2

Taille : 1ᵐ

Nez.......... { Dos (1)
              { Base (2)

Cheveux :
Barbe :

Teint........ { Pigmentation (3)
              { Sanguinolence (3)

Iris .... { Auréole
              { Périphérie

MARQUES PARTICULIÈRES

(1) Répondre par c = concave, r = rectiligne. v ou b = convexe ou busqué.
(2)   —   r = relevée, h — horizontale, ab = abaissée.
(3)   —   p = petite, m = moyenne. g = grande.

Signature de l'impétrant,

A   , le   19 .   (3

Nous (1)
de
        Vu :
1° La demande d   nommé (2)
né   à
le
de   et de
Profession
Dernier domicile
        2° La loi du 16 juillet 1912, article 2, et le Règlement du 16 février 1913,
        Délivrons à
le présent carnet d'identité qui devra être présenté à toute réquisition des
officiers de police judiciaire ou des agents de la force ou de l'autorité
publique.   *Le* (1)

(1) Préfet *ou* Sous-Préfet.
(2) Nom et prénoms.

MODÈLE Nº 3

RÉPUBLIQUE FRANÇAISE.

LIBERTÉ, ÉGALITÉ, FRATERNITÉ.

| Largeur...... | 0ᵐ,13 |
| Hauteur...... | 0ᵐ⸱19 |

Nº ________ .

(1

CARNET ANTRHOPOMÉTRIQUE D'IDENTITÉ

NOMADES

Loi du 16 juillet 1912 et règlement du 16 février 1913.

(2

Photographie de profil et de face ayant une dimension de 3 à 4 centimètres entre l'insertion des cheveux et la pointe du menton.

PROFIL \   FACE

Sceau.

Genre de commerce, d'industrie ou de métier.

Empreinte *simultanée* et *non roulée* des doigts réunis	Empreinte prise séparément
Auriculaire. Annulaire. Médius. Index gauches.	Pouce gauche.

Signalement.

(3

Taille ˟ 1ᵐ	Tête	Longʳ	Pied g.	Coulʳ de l'Iris˟	Nº de cl.
Voûte		Largʳ	Médius g.˟		Auréole
Envergʳᵉ 1ᵐ		Zygᶜᵉˢ˟	Auricʳᵉ g.˟		Périphᵉ
Buste 0ᵐ		Oreille dr.˟.	Coudée g.		Particᵉˢ

NOTA. — Pour les femmes n'inscrire que les mesures indiquées par un astérisque.

| Cheveux | Teint. | Pigmentation (1) | Nez : Dos (2) Base (3) |
| Barbe | | Sanguinolence (1) | Age apparent |

MARQUES PARTICULIÈRES.

(1) Répondre par *p* = petite, *m* = moyenne, *g* = grande.
(2)   —   *c* = cave, *r* = rectiligne, *v* = vexe ou *b* = busqué.
(3)   —   *r* = relevée, *h* = horizontale, *ab* = abaissée.

Empreinte prise séparément	Empreinte *simultanée* et *non roulée* des doigts réunis.
Pouce droit.	Index. Médius. Annulaire. Auriculaire droits.

A   , le   ·19 .   (4

NOUS (1)

de

Vu :

1° La demande d

Né à   , le

fil   de   , et de

profession

nationalité

2° Les actes authentiques ci-après désignés (2) :

3° La loi du 16 juillet 1912, article 3, et le décret du 16 février 1913,

Délivrons à

le présent carnet anthropométrique d'identité.

Le (1)

(1) Préfet du département *ou* sous-préfet de l'arrondissement.
(2) Enumérer les pièces d'identité produites par l'impétrant.

VISAS

A L'ARRIVÉE	AU DÉPART (5
A le Le (1)	A le Le (1)
A L'ARRIVÉE	AU DÉPART
A le Le (1)	A le Le (1)
A L'ARRIVÉE	AU DÉPART
A le Le (1)	A le Le (1)
A L'ARRIVÉE	AU DÉPART
A le Le (1)	A le Le (1)
A L'ARRIVÉE	AU DÉPART
A le Le (1)	A le Le (1)

(1) Qualité de l'autorité qui a donné le visa.

RÉPUBLIQUE FRANÇAISE

LIBERTÉ, ÉGALITÉ, FRATERNITÉ

MODÈLE N° 4.

Largeur : 13 centimètres ;
Hauteur : 19 centimètres.

(1

N°

CARNET COLLECTIF

NOMADES

Loi du 16 juillet 1912 et règlement du 16 février 1913.

Chef de famille ou de groupe. (2

Nom
Prénoms
Né   le   à
Fil   de
et de
Profession
Nationalité

Signalement.

Taille :   1^m

Nez ...... { Dos
            { Base

Cheveux :

Barbe :

Teint ..... { Pigmentation
            { Sanguinolence

Iris ...... { Auréole
            { Périphérie

Marques particulières :

(Voir carnet anthropométrique d'identité n°

délivré le   à   ).

Marié le   à   avec   (3

L'Officier de l'état civil,

Divorcé le

L'Officier de l'état civil,

Décédé le   à

L'Officier de l'état civil,

Indiquer ici les liens de droit, de parenté ou autres)
rattachant le dénommé ci-dessous au chef de famille { **Titre** (4
(épouse, concubine, père, mère, frère, sœur, enfant, {
employé ou serviteur à son service, etc.).)
Nom
Prénoms
Né le à
Fil de
et de
Profession
Nationalité

Signalement.

Taille : 1ᵐ

Nez... { Dos (1)
{ Base

Marques particulières :

Cheveux :
Barbe :

Teint.. { Pigmentation
{ Sanguinolence

Iris ... { Auréole
{ Périphérie

(Voir carnet anthropométrique d'identité nᵒ
délivré le à .)

Empreintes digitales.

(Cette prescription ne s'applique qu'aux enfants âgés de moins de 13 ans.)
Auriculaire   Annulaire   Médius   Index gauches | Pouce gauche.

Marié le à (5
avec

L'Officier de l'état civil,

Divorcé le

L'Officier de l'état civil,

Décédé le

L'Officier de l'état civil,

Empreintes digitales.

Pouce droit. | Index.   Médius.   Annulaire.   Articulaires droits.

Véhicules appartenant à la famille ou au groupe. (6

Numéro de la plaque de contrôle spécial :
Description du véhicule :

Numéro de la plaque de contrôle spécial :
Description du véhicule :

<table>
<tr><td>

MINISTÈRE

DE L'INTÉRIEUR

DÉPARTEMENT
d

ARRONDISSEMENT
d

N° du carnet

</td><td>

RÉPUBLIQUE FRANÇAISE

</td><td>

MODÈLE N° 5.

Largeur : 21 centimètres.
Hauteur : 32 centimètres.

</td></tr>
</table>

NOTICE INDIVIDUELLE

d'un **FORAIN** *auquel il a été délivré un carnet*
d'identité. (Art. 2 de la loi du 16 juillet 1912.)

Etat civil.	Signalement.
Nom	Taille. 1 m.
Prénoms	Nez... { dos (1) / base (2)
Surnoms	
Né le	Cheveux
à	Barbe
Fils de	Teint.. { pigmentation (3) / sanguinolence (3)
et de	
Profession	Iris... { auréole / périphérie
Dernier domicile	
	Marques particulières :

Renseignements sur la situation militaire.

Classe de
Subdivision de
N° au registre matricule du recrutement :
1° Est-il en règle au point de vue de ses obligations militaires ?
2° Est-il insoumis ?
3° Est-il déserteur ?... { de quel corps ? / depuis quelle date ?
4° Les renseignements qui précèdent résultent-ils de simples déclarations de l'intéressé ou bien de pièces trouvées en sa possession ?

A   , le   19   .

Le (4)

PHOTOGRAPHIE

Signature du titulaire,

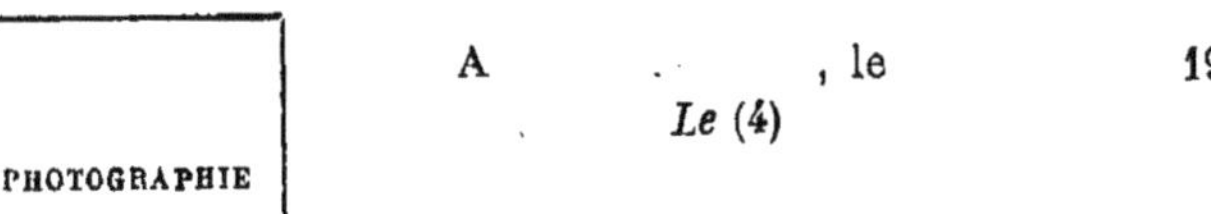

(1) Répondre par *c* = concave; *r* = rectiligne; *v* ou
    b = convexe *ou* busqué.
(2) Répondre par *r* = relevée; *h* = horizontale, *ab* = abaissée
(3) Répondre par *p* = petite; *m* = moyenne; *g* = grande.
(4) Préfet *ou* sous-préfet.

MINISTÈRE
DE L'INTÉRIEUR

RÉPUBLIQUE FRANÇAISE.

MODÈLE N° 6.

Largeur : 21 centimètres.
Hauteur : 32 centimètres.

DÉPARTEMENT
d

ARRONDISSEMENT
d

N° du carnet

NOTICE INDIVIDUELLE

d'un **NOMADE** *auquel il a été délivré un carnet anthropométrique d'identité.*

(Art. 3 de la loi du 16 juillet 1912.)

Etat civil.		
Nom	Taille * 1ᵐ	Tête { longʳ / largʳ / zygᵉˢ
Prénoms	Voûte	
Surnoms	Enverg. 1ᵐ	
Né le	Buste 0ᵐ·	Oreille dr.*
à		
Département d		Pied g.
Fils de		Médius g.*
et de		Auricʳᵉ g.*
Profession		Coudée g.
Nationalité		

Coul. de l'iris : n° de cl. / auréole / périphⁱᵉ / partᵉˢ

NOTA. — Pour les femmes n'inscrire que les mesures indiquées par un astérisque.

Cheveux	Teint pigmentat. (1)	Nez : dos(2) base(3)
Barbe	Teint sanguinol. (1)	Age apparent

Marques particulières :

Renseignements sur la situation militaire.

Classe de

Subdivision de

N° au registre matricule du Recrutement :

1° Est-il en règle au point de vue de ses obligations militaires?

2° Est-il insoumis?

3° Est-il déserteur ?. { de quel corps ? / depuis quelle date ?

4° Les renseignements qui précèdent résultent-ils de simples déclarations de l'intéressé ou bien des pièces trouvées en sa possession ?

(1) Répondre par *p* = petite; *m* = moyenne; *g* = grande.
(2)   —   par *c* = cave; *r* = rectiligne; *v* ou *b* = vexe *ou* busqué.
(3)   —   par *r* = relevée; *h* = horizontale; *ab* = abaissée.

Photographie (profil et face).

Empreintes digitales (main gauche).

AURICULAIRE gauche.	ANNULAIRE gauche.	MÉDIUS gauche.	INDEX gauche.	POUCE gauche.

Empreintes digitales (main droite).

POUCE droit.	INDEX droit.	MÉDIUS droit.	ANNULAIRE droit.	AURICULAIRE droit.

A   , le   191

Le (1)

____

(1) Préfet *ou* sous-préfet.

**MINISTÈRE
DE L'INTÉRIEUR**

Modèle N° 7.
Largeur...... 0m22.
Hauteur...... 0m34.

RÉPUBLIQUE FRANÇAISE.

Loi du 16 juillet 1912 (*Nomades*)

Département de
Arrondissement de

*LISTE NOMINATIVE des personnes inscrites sur le carnet collectif délivré
au chef de famille* (1)   *sous le n°*

NUMÉROS.	NOM ET PRÉNOMS.	DATE de NAISSANCE.	PARENTÉ avec le chef de famille ou situation dans la famille.	OBSERVATIONS.
1			Chef	(2)
2				
3				
4				
5				
6				
7				
8				
9				
10				
11				
12				
13				
14				
15				
16				

(1) Nom et prénoms.
(2) Les renseignements concernant le chef de famille doivent être portés dans la case 1.

VÉHICULES
APPARTENANT A LA FAMILLE OU AU GROUPE

Numéro de la plaque de Contrôle spécial :
Description du véhicule :

Numéro de la plaque de Contrôle spécial :
Description du véhicule :

Numéro de la plaque de Contrôle spécial :
Description du véhicule :

Numéro de la plaque de Contrôle spécial :
Description du véhicule :

PLAQUE DE CONTROLE SPÉCIAL

POUR LES VOITURES DE NOMADES

(Hauteur : 18 centimètres ; largeur : 36 centimètres.)

LOI DU 16 JUILLET 1912.

MINISTÈRE
DIRECTION
SURETÉ
GÉNÉRALE
DE L'INTÉRIEUR

N°

(En chiffres de 10 centimètres de hauteur.)

*Circulaire relative à l'application de la loi du 16 juillet 1912
sur l'exercice des professions ambulantes et la circulation
des nomades sur le territoire de la République.*

Paris, le 3 octobre 1913.

Le Ministre de l'intérieur à MM. les Préfets.

La loi du 16 juillet 1912 et le décret d'administration publique
du 16 février 1913 ont comblé une lacune dans la législation française en réglementant, d'une manière précise, l'exercice des professions ambulantes et la circulation des nomades sur le territoire de la République.

Ces textes s'appliquent à trois catégories d'individus bien dis-
tinctes :

1° Les marchands ambulants;
2° Les commerçants et industriels forains;
3° Les nomades.

I. — Marchands ambulants.
(Art. 1ᵉʳ de la loi du 16 juillet 1912; art. 1, 2 et 3 du décret
du 16 février 1913.)

I. *Définition des marchands ambulants.* — L'article 1ᵉʳ du décret du 16 février donne la qualification de marchands ambulants
aux individus qui exercent, sur la voie publique, une profession,
une industrie ou un commerce soumis ou non à la patente, hors
de la commune dans laquelle ils ont, soit leur résidence fixe,
soit un domicile où ils reviennent périodiquement pour y séjourner dans l'intervalle de leurs tournées.

II. *Déclaration.* — Les marchands ambulants sont tenus de
faire une déclaration à la préfecture, s'ils ont leur domicile ou
leur résidence fixe dans l'arrondissement chef-lieu; à la sous-
préfecture, pour les autres arrondissements.

Dans le département de la Seine, la déclaration est faite à la
préfecture de police.

La déclaration doit comprendre :

1° L'indication de la nationalité;
2° Les nom et prénoms;
3° Le domicile ou la résidence fixe;
4° La date et le lieu de naissance;
5° La profession.

A l'appui de leur déclaration, les intéressés doivent produire toutes pièces justificatives de nature a établir leur identité. Ni la loi ni le décret n'ont déterminé la nature de ces pièces. Il suffit que les documents présentés établissent d'une manière certaine l'identité du déclarant. A titre d'exemple, on peut citer les livrets militaires, les passeports.

Les marchands ambulants doivent, en outre, justifier de leur domicile ou de leur résidence fixe par un certificat du commissaire de police ou, à défaut de commissaire de police dans la localité où ils ont leur domicile ou leur résidence, par un certificat du maire établissant qu'ils exercent une profession, une industrie ou un commerce ambulants, et qu'ils reviennent périodiquement dans cette commune. Il s'agit, en effet, d'un domicile ou d'une résidence réels et non d'une demeure fictive, choisie uniquement pour éluder les dispositions des articles 2, 3 et 4 de la loi du 16 juillet 1912, visant les industriels ou commerçants forains et les nomades. Il y aura lieu, en conséquence, d'appeler sur ce point l'attention particulière des commissaires de police et des maires.

Enfin, les marchands ambulants doivent produire un extrait du rôle des patentes les concernant, à moins, toutefois, qu'ils n'exercent une profession, une industrie ou un commerce compris dans les exceptions prévues par la loi des patentes.

III. *Délivrance du récépissé.* — Un récépissé est aussitôt délivré aux marchands ambulants dont la déclaration est reconnue régulière. Ce récépissé, qui porte un numéro d'ordre et la date de la délivrance, est détaché d'un registre à souche, dont le modèle est déterminé par l'arrêté ministériel du 26 mars 1913. Il mentionne l'état civil du titulaire, son domicile ou résidence fixe, sa nationalité, sa profession, son signalement. Il doit porter la signature de l'intéressé, ou, à défaut, indiquer que ce dernier ne sait pas signer.

Un duplicata du récépissé est conservé dans les préfectures et sous-préfectures.

IV. *Perte du récépissé.* — En cas de perte du récépissé, le titulaire doit se pourvoir d'un nouveau récépissé en se conformant aux prescriptions indiquées ci-dessus.

V. *Marchands ambulants étrangers.* — La déclaration imposée aux marchands ambulants ne dispense pas les individus de nationalité étrangère de souscrire celle qu'ils doivent faire en vertu de la loi du 8 août 1893 modifiée par l'article 9 de la loi du

16 juillet 1912. Il y a donc lieu, quand un individu qui ne possède pas la qualité de Français fait sa déclaration de marchand ambulant, de s'assurer qu'il s'est conformé aux prescriptions de la loi sur le séjour des étrangers en France.

VI. *Colporteurs d'imprimés.* — La nouvelle législation n'apporte aucune modification aux dispositions de l'article 18 de la loi du 29 juillet 1881 sur la liberté de la presse, concernant la profession de colporteur ou de distributeur sur la voie publique, ou en tout autre lieu public ou privé, de livres, écrits, brochures, journaux, dessins, gravures, lithographies et photographies.

VII. *Sanctions pénales.* — L'exercice d'une profession, d'une industrie ou d'un commerce ambulants sans déclaration préalable et le défaut de présentation du récépissé de déclaration à toute réquisition des officiers de police judiciaire ou des agents de la force ou de l'autorité publique constituent des contraventions (art. 1er de la loi).

La fabrication d'un faux récépissé de déclaration, l'altération ou la falsification d'un récépissé originairement véritable, l'usage sciemment fait d'un récépissé fabriqué, altéré ou falsifié, l'emploi d'un nom supposé pour obtenir un récépissé, sont punis de peines correctionnelles (art. 5, 6 et 12 de la loi).

En cas d'infraction, procès-verbal devra être dressé et transmis à l'autorité judiciaire compétente.

II. — Commerçants et industriels forains.

(Art. 2 de la loi du 16 juillet 1912; art. 4, 5 et 6 du décret du 16 février 1913.)

VIII. *Définition des forains.* — L'article 4 du décret du 16 février 1913 donne la qualification de forain à tout individu de nationalité française qui, n'ayant en France ni domicile ni résidence fixe, se transporte habituellement pour exercer sa profession, son industrie ou son commerce, dans les villes et villages, les jours de foire, de marché ou de fête locale. Comme l'a fait observer M. le sénateur Etienne Flandin, rapporteur de la loi, les forains n'ont ni domicile, ni résidence fixe. « Leur profession consiste à mener une vie errante, non plus dans une région déterminée (comme les marchands ambulants, en général), mais à travers la France. Ils se transportent dans les villes et villages, les jours de foire, de marché, de fête locale, et ils offrent à une clientèle de passage leurs marchandises ou leurs attractions. Ils exercent les métiers les plus divers. Les uns exploitent des cirques, des manèges, des théâtres, ce qu'ils appellent des musées, et sont détenteurs d'un matériel qui représente parfois une valeur considérable. D'autres promènent, à travers le pays, des exploitations plus modestes : loteries, petits théâtres, confiseries, pâtisseries, bazars. D'autres ont de minuscules exploitations foraines, exercées souvent en plein vent, sur une simple table portative. Une caisse de marchandise constitue tout leur fonds de commerce. »

IX. Demande de carnet d'identité. — Tout forain est tenu de déposer à la préfecture, s'il se trouve dans l'arrondissement du chef-lieu du département, à la sous-préfecture pour les autres arrondissements, une demande à l'effet d'obtenir le carnet d'identité prescrit par l'article 2 de la loi du 16 juillet 1912. Pour le département de la Seine, la demande est adressée à la préfecture de police.

La demande doit indiquer :
1° Le nom et les prénoms;
2° Les lieu et date de naissance;
3° Le dernier domicile ou la dernière résidence;
4° Le genre de commerce ou d'industrie exercé.

A l'appui de la demande, l'intéressé doit justifier de son identité, prouver qu'il possède la nationalité française et déposer trois épreuves de sa photographie sur papier simple. L'arrêté ministériel du 26 mars 1913, pris en vertu de l'article 15 du décret du 16 février précédent, spécifie que ladite photographie doit être de profil (côté droit) et avoir une dimension de 3 à 4 centimètres, mesurée de l'insertion des cheveux à la pointe du menton.

X. Délivrance du carnet d'identité. — Un carnet d'identité est délivré par le préfet ou par le sous-préfet à tout forain qui remplit les conditions exposées ci-dessus; il ne doit jamais en être délivré aux individus de nationalité étrangère, ces derniers étant régis par les dispositions applicables aux nomades. Ce carnet, dont le modèle est fixé par arrêté ministériel du 26 mars 1913, porte un numéro d'ordre et la date de sa délivrance. Il mentionne l'état civil du titulaire, sa profession, son dernier domicile, son signalement. Un exemplaire des photographies remises par celui-ci doit être collé à l'emplacement figuré à la page 2, et être ensuite revêtu du cachet de la préfecture ou de la sous-préfecture, afin d'éviter toute fraude ultérieure par substitution de photographie. Le cachet doit être apposé partie sur la photographie et partie sur la feuille du carnet.

XI. *Notice des forains.* — Aux termes de l'article 5, paragraphe 2, du décret du 16 février 1913, il est établi dans les préfectures et les sous-préfectures des notices contenant toutes les indications figurant aux carnets d'identité.

Quand les préfets ou les sous-préfets délivrent à un forain un carnet d'identité, ils doivent avoir soin de faire établir, en double exemplaire, une notice conforme au modèle annexé à l'arrêté ministériel du 26 mars 1913. Cette notice, qui mentionne l'état civil, le signalement et la situation au point de vue militaire de l'intéressé, doit porter le numéro d'ordre du carnet d'identité qui lui a été remis, ainsi que la date de la délivrance. En outre, une épreuve de la photographie du titulaire du carnet est collée à l'emplacement indiqué.

Un des exemplaires de la notice est conservé dans les archives de la préfecture ou de la sous-préfecture. L'autre exemplaire doit être transmis immédiatement au ministère de l'intérieur.

XII. *Individus accompagnant les forains.* — Tout individu, sans domicile ni résidence fixe, qui accompagne un forain ou est employé par lui, doit être muni d'un carnet d'identité, délivré aux mêmes conditions que celui qui est remis au forain. Les prescriptions relatives aux notices sont également applicables en pareil cas.

Toutefois, il n'est pas établi de carnet d'identité ni de notices pour les enfants qui n'ont pas 13 ans révolus, appartenant à la famille du forain ou à celle de ses employés.

XIII. *Perte du carnet d'identité.* — En cas de perte du carnet d'identité, le titulaire doit faire immédiatement une déclaration de perte à la préfecture, s'il se trouve dans un chef-lieu de département, à la sous-préfecture s'il se trouve dans un chef-lieu d'arrondissement. Si le forain se trouve dans une autre localité, la déclaration est faite au commissariat de police, et, à défaut de commissariat, à la brigade de gendarmerie la plus voisine. L'intéressé doit mentionner le lieu où le carnet perdu a été délivré, et, autant que possible, le numéro d'ordre dudit carnet. Récépissé de sa déclaration lui est aussitôt délivré. Ce récépissé est valable pendant huit jours jusqu'à la délivrance d'un duplicata du carnet d'identité perdu.

En vue d'assurer l'exécution de ces prescriptions, les commissaires de police et les brigades de gendarmerie doivent avoir soin d'envoyer sans retard aux préfectures et sous-préfectures les déclarations de perte qu'ils auront reçues. Le préfet les transmettra immédiatement au ministère de l'intérieur afin de permettre à cette administration de lui faire parvenir, après vérification, un duplicata du carnet d'identité. En remettant cette pièce à l'intéressé, il y aura lieu de lui retenir le récépissé de déclaration de perte dont il est porteur.

XIV. *Sanctions pénales*. — L'article 2 de la loi du 16 juillet 1912 édicte des peines correctionnelles contre les individus qui exercent la profession de commerçant ou industriel forain sans être pourvus d'un carnet d'identité. Il punit également l'emploi par les forains d'individus sans domicile ni résidence fixe, qui ne sont pas munis de carnets d'identité, le défaut de présentation du carnet d'identité à toute réquisition des officiers de police judiciaire ou des agents de la force ou de l'autorité publique, les déclarations mensongères en la matière.

La fabrication d'un faux carnet d'identité, l'altération ou la falsification d'un carnet originairement véritable, l'usage sciemment fait d'un carnet fabriqué, altéré ou falsifié, l'emploi d'un nom supposé pour obtenir un carnet, l'usage d'un carnet délivré sous un autre nom que celui du porteur ou ne s'appliquant pas à sa personne, sont punis de peines correctionnelles (art. 5, 6 et 12 de la loi).

En cas d'infraction, procès-verbal devra être dressé et transmis à l'autorité judiciaire compétente.

III. — **Nomades.**

(Art. 3 et 4 de la loi du 16 juillet 1912; art. 7. 8, 9, 10, 11, 12, 13 et 14 du décret du 16 février 1913.)

XV. *Définition des nomades*. — D'après l'article 3 de la loi du 16 juillet 1912, sont réputés nomades, pour l'application de ladite loi, quelle que soit leur nationalité, tous individus circulant en France sans domicile ni résidence fixes, et ne rentrant pas dans la catégorie des marchands ambulants ni dans celle des forains, même s'ils ont des ressources ou prétendent exercer une profession. Comme l'a fait observer M. Etienne Flandin, à la séance du Sénat, le 22 décembre 1911, les nomades sont généralement des « roulottiers » n'ayant ni domicile, ni résidence, ni patrie, la plupart vagabonds, présentant le caractère ethnique particulier aux romanichels, bohémiens, tziganes, gitanos, qui, sous l'apparence d'une profession problématique, traînent le long des routes, sans souci des règles de l'hygiène ni des prescriptions légales. Ils exercent ou prétendent exercer un métier;

ils se donnent comme étant rétameurs, vanniers ou rempailleurs de chaises, maquignons. Les nomades vivent à travers la France dans des voitures le plus souvent misérables, et chacune de ces maisons roulantes renferme parfois une famille assez nombreuse. On ne peut, dans l'état actuel de la législation, leur appliquer la loi sur le vagabondage parce que, en fait, ils ont un domicile, leur roulotte; ils exercent ou paraissent exercer un métier, et ils ne sont pas toujours sans ressources.

Les forains de nationalité étrangère sont soumis au même régime que les nomades; c'est ce qui résulte de l'article 2 de la loi du 16 juillet 1912.

XVI. *Demande de carnet anthropométrique d'identité.* — Tout individu réputé nomade dans les conditions prévues à l'article 3 de la loi du 16 juillet 1912 doit déposer à la préfecture, s'il se trouve dans l'arrondissement chef-lieu du département, à la sous-préfecture pour les autres arrondissements, une demande à l'effet d'obtenir un carnet anthropométrique d'identité. Pour le département de la Seine, la demande est adressée à la préfecture de police.

L'intéressé est tenu de justifier de son identité et doit indiquer :

1° Ses nom, prénoms, ainsi que les surnoms sous lesquels il est connu;

2° L'indication de son pays d'origine;

3° La date et le lieu de sa naissance.

La délivrance du carnet anthropométrique n'est jamais obligatoire pour l'administration. Ce carnet, dont le modèle est fixé par arrêté ministériel du 26 mars 1913, porte un numéro d'ordre et la date de sa délivrance. Il mentionne l'état civil du titulaire, sa nationalité, les pièces d'identité qu'il a produites, le genre de commerce, d'industrie ou de métier exercé. Il contient son signalement anthropométrique. Les empreintes digitales des deux mains du nomade doivent être apposées sur l'emplacement réservé à cet effet (pages 2 et 3). En outre, deux photographies (profil et face) ayant une dimension de 3 à 4 centimètres, mesurée de l'insertion des cheveux à la pointe du menton, doivent être collées à l'emplacement indiqué à la page 2. Chaque photographie sera revêtue du cachet de la préfecture ou de la sous-préfecture afin d'éviter toute fraude ultérieure par substitution de photographie. Le cachet doit être apposé partie sur la photographie et partie sur la feuille du carnet.

Il n'est pas établi de carnet anthropométrique pour les enfants qui n'ont pas 13 ans révolus.

XVII. *Notice individuelle des nomades.* — Aux termes de l'article 10 du décret du 16 février 1913, il est établi dans les préfectures et les sous-préfectures des notices individuelles contenant toutes les indications figurant au carnet anthropométrique.

Quand les préfets et les sous-préfets délivrent à un nomade un carnet anthropométrique, ils doivent avoir soin de faire établir, en double exemplaire, une notice conforme au modèle annexé à l'arrêté ministériel du 26 mars 1913. Cette notice, qui mentionne l'état civil, le signalement et la situation, au point de vue militaire, de l'intéressé, doit porter le numéro d'ordre du carnet anthropométrique qui lui a été remis, ainsi que la date de la délivrance. En outre, deux épreuves de la photographie (profil et face) du titulaire du carnet sont collées à l'emplacement indiqué, et les empreintes digitales des deux mains sont apposées sur les cases réservées à cet effet.

Un des exemplaires de la notice est conservé dans les archives de la préfecture ou de la sous-préfecture. L'autre exemplaire doit être transmis immédiatement au ministère de l'intérieur.

XVIII. *Etablissement du signalement anthropométrique.* — Conformément aux prescriptions de l'article 8, paragraphe 2 du décret du 16 février 1913, le signalement anthropométrique des nomades indique notamment la hauteur de la taille, celle du buste, l'envergure, la longueur et la largeur de la tête, le diamètre bizygomatique, la longueur de l'oreille droite, la longueur des doigts médius et auriculaire gauches, celle de la coudée gauche, celle du pied gauche, la couleur des yeux.

Le personnel des préfectures ou des sous-préfectures n'est pas en mesure d'établir un signalement anthropométrique, ni de prendre des empreintes digitales. Aussi ces opérations devront, autant que possible, être effectuées par les commissaires et inspecteurs des brigades mobiles et les agents des services anthropométriques qui ont été organisés dans plusieurs grandes villes. Mais, dans les cas où ces fonctionnaires ne pourront y procéder, il sera nécessaire de faire appel aux gardiens-chefs des prisons que M. le Ministre de la justice a bien voulu autoriser à prêter leur concours à l'administration préfectorale. Toutefois, comme le personnel de garde dans quelques maisons d'arrêt est assez restreint (il y en a même qui n'ont à l'effectif qu'un seul agent, gardien-chef), il est indispensable que, dans un but de sécurité, les nomades y soient amenés individuellement par la gendarmerie ou par des agents de la force publique.

Le gendarme ou l'agent, chargé de conduire les nomades, sera porteur du carnet anthropométrique et des deux notices individuelles qu'il devra rapporter à la préfecture ou à la sous-préfecture quand les opérations anthropométriques auront été terminées. C'est alors seulement que ces pièces sont datées, signées et que le carnet est remis à l'intéressé.

Pour les enfants âgés de moins de 13 ans, il n'est pas établi de carnet d'identité ni de notice. Mais l'article 9, paragraphe 5 du décret, qui prescrit la délivrance d'un carnet collectif au chef de famille ou de groupe de nomades, spécifie que ledit carnet contient les empreintes digitales des enfants dont il s'agit. Dans ce cas, le gendarme ou l'agent qui conduit l'enfant est porteur seulement du carnet collectif. Il n'y a pas lieu de prendre les empreintes digitales des enfants ayant moins de deux ans; c'est seulement lorsqu'ils viennent à dépasser cet âge que le titulaire du carnet collectif doit faire apposer leurs empreintes digitales.

XIX. *Carnet collectif.* — Indépendamment du carnet anthropométrique d'identité, obligatoire pour tout nomade, le chef de famille ou de groupe doit être muni d'un carnet collectif concernant toutes les personnes rattachées au chef de famille par des liens de droit ou comprises, en fait, dans le groupe voyageant avec le chef de famille.

Ce carnet collectif, qui est délivré en même temps que le carnet anthropométrique individuel et porte un numéro d'ordre, comprend l'énumération de toutes les personnes constituant la famille ou le groupe et l'indication, au fur et à mesure qu'elles se produisent, des modifications apportées à la constitution de la famille ou du groupe. Il contient :

1° L'état civil du chef de famille ou de groupe avec l'indication du numéro d'ordre, de la date et du lieu de délivrance de son carnet anthropométrique individuel;

2° L'état civil et le signalement de chaque personne accompagnant le chef de famille ou de groupe, avec l'indication des liens de droit, de parenté ou autres la rattachant au chef de famille ou de groupe, du numéro d'ordre de son carnet anthropométrique individuel, de la date et du lieu de délivrance de cette pièce.

3° L'indication des modifications survenues dans la composition de la famille ou du groupe, par suite de naissances, de mariages, de divorces, de décès, de départ de membres de la famille ou du groupe, ou de l'adjonction de nouveaux membres.

En conséquence, le chef de famille ou de groupe doit présenter le carnet collectif aux officiers de l'état civil pour leur permettre d'y mentionner les déclarations de naissance ou de décès qu'ils reçoivent, les mariages qu'ils célèbrent, les extraits des jugements de divorce qu'ils sont chargés de faire transcrire.

Dans le cas où un individu, porté au carnet collectif, vient à quitter la famille ou le groupe, le chef de famille ou de groupe doit en faire la déclaration à la préfecture ou à la sous-préfecture de l'arrondissement dans lequel il se trouve. Mention en est faite au carnet collectif. La même formalité doit être remplie quand la famille ou le groupe s'adjoint un nouveau membre. Les préfectures et les sous-préfectures donnent immédiatement avis de ces modifications au ministère de l'intérieur.

4° Le numéro de la plaque de contrôle spécial dont les véhicules de toute nature employés par les nomades doivent être munis par application de l'article 4, paragraphe 3 de la loi du 16 juillet 1912;

5° Les empreintes digitales des enfants âgés de plus de deux ans, n'ayant pas 13 ans révolus;

6° La description des voitures employées par la famille ou le groupe.

Cette description pourra être établie en tenant compte, suivant le cas, des indications suivantes :

CLASSEMENT DES VOITURES EN DEUX DIVISIONS.

1° Suspendues, à deux ou quatre roues;
2° Non suspendues, à deux ou quatre roues.

DESCRIPTION EXTÉRIEURE.

1° Caisse.

Dimensions . . . . { Longueur.
Largeur.
Hauteur jusqu'au toit.
Hauteur du sol à la caisse.

Paroi extérieure. . . . { Tôlée.
Bois.

Ranchers. . . . . { Apparents.
Cachés

Couverture. . . . . {
Zinc, avec ou sans cheminée.
Toile, avec ou sans cheminée.
Autres matières, avec ou sans cheminée.

Ouverture côté droit. {
Fenêtres (nombre), persiennes bois ou fer.
Portes (nombre), un ou deux battants, vitrées ou non.

Mêmes renseignements pour le côté gauche, l'avant et l'arrière de la voiture; indiquer en outre pour l'avant et l'arrière s'il existe une galerie.

2° Roues.

Hauteur en blanc (c'est-à-dire sans comprendre le fer).
Nombre de rais.

3° Ressorts.

Nombre. . . . . {
A l'arrière.
A l'avant.

4° Essieux

A graisse ou à huile.

5° Frein.

Avec ou sans.

6° Attelage.

A brancards fixes.
A brancards mobiles.
A limon.
A limonière.

7° Peinture.

Unicolore, multicolore, avec ou sans filets (désigner la ou les couleurs).

8° Traction.

Humaine.
Animale : chien, âne, mulet, cheval (indiquer le nombre).

DESCRIPTION INTÉRIEURE.

Nombre de divisions.

XX. *Notice collective des nomades.* — Aux termes de l'article 10 du décret du 16 février 1913, il est établi dans les préfectures et les sous-préfectures des notices collectives, contenant toutes les indications figurant au carnet collectif. Chaque notice, dont le modèle est déterminé par l'arrêté ministériel du 26 mars 1913, contient la liste nominative de toutes les personnes inscrites sur le carnet collectif délivré au chef de famille ou de groupe, en mentionnant le numéro dudit carnet. Elle indique, pour chaque personne, les nom et prénoms, la date de naissance, la parenté avec le chef de famille ou la situation dans le groupe, le numéro du carnet individuel délivré. Elle mentionne, en outre, le numéro de la plaque de contrôle spécial dont est muni chaque véhicule appartenant à la famille ou au groupe, et contient la description sommaire des véhicules.

Toutes les notices individuelles des personnes inscrites sur la notice collective doivent être classées à l'intérieur de cette dernière pièce.

Un des exemplaires de la notice collective est conservé dans les archives des préfectures ou des sous-préfectures. L'autre exemplaire doit être adressé immédiatement au ministère de l'intérieur.

XXI. — *Perte du carnet anthropométrique d'identité ou du carnet collectif.* — En cas de perte du carnet anthropométrique d'identité ou du carnet collectif, le titulaire fait immédiatement une déclaration de perte à la préfecture, s'il se trouve dans l'arrondissement du chef-lieu du département, à la sous-préfecture pour les autres arrondissements. Un récépissé provisoire lui est aussitôt remis; ce récépissé tient lieu de carnet jusqu'à ce qu'il lui ait été délivré un nouveau carnet ou qu'il lui ait été notifié le refus de carnet sans que ce délai puisse excéder trois jours. En vue d'assurer l'exécution de cette prescription, les préfectures et sous-préfectures doivent signaler sans retard, au besoin par le télégraphe, au ministère de l'intérieur, les déclarations de perte qu'elles auront reçues, afin de permettre à cette administration de leur faire parvenir, après vérification, et s'il y a lieu, un duplicata du carnet perdu. En remettant cette pièce à l'intéressé ou en lui notifiant le refus de délivrance d'un nouveau carnet, il y aura lieu de lui retirer le récépissé de déclaration de perte dont il est porteur.

XXII. — *Visa des carnets individuels.* — Tout nomade devant séjourner dans une commune doit, à son arrivée et à son départ, faire viser son carnet individuel par le commissaire de police, à défaut ou en l'absence de commissaire de police, par le commandant de la brigade de gendarmerie, et, à défaut de brigade de gendarmerie, par le maire de ladite commune. Le projet de loi déposé le 26 novembre 1908 spécifiait que le nomade devait faire viser son carnet dès son arrivée dans une commune où il aurait l'intention de séjourner au moins une journée. Ni la loi, ni le décret n'ont fixé la durée du séjour. C'est là une question de fait qui, en cas de contestation, serait tranchée par les tribunaux.

En outre, tous les agents de la force ou de l'autorité publique, rencontrant des nomades en cours de route, doivent se faire présenter les carnets individuels et collectifs et apposer leurs visas sur le carnet individuel.

Les visas de ces diverses autorités sont apposés sur les cases du carnet individuel, avec indication du lieu, du jour et de l'heure.

XXIII. — *Remplacement du carnet anthropométrique individuel.* — Lorsque toutes les cases du carnet anthropométrique individuel sont remplies par les visas des diverses autorités énumérées ci-dessus, le titulaire doit demander à la préfecture ou à la sous-préfecture de l'arrondissement dans lequel il se trouve un nouveau carnet anthropométrique d'identité. Dans ce cas, les préfectures et les sous-préfectures devront signaler sans retard les demandes de carnets au ministère de l'intérieur, qui leur fera parvenir un nouveau carnet.

Ce carnet sera remis à l'intéressé en échange de l'ancien qui doit être conservé, au moins pendant dix ans, aux archives de la préfecture ou de la sous-préfecture

Mention de la délivrance du nouveau carnet anthropométrique est faite sur le carnet collectif.

XXIV. *Plaques de contrôle spécial pour les voitures.* — Indépendamment des plaques prévues par les articles 3 de la loi du 30 mai 1851 et 16 du décret du 10 août 1852, relatifs à la police du roulage, les véhicules de toute nature employés par les nomades doivent être munis de la plaque de contrôle spécial prescrite par l'article 4 de la loi du 16 juillet 1912. Cette plaque, dont le modèle est déterminé par l'arrêté ministériel du 26 mars 1913, est délivrée par les préfectures et les sous-préfectures dans les mêmes conditions que les carnets d'identité. Elle mesure 18 centimètres de hauteur sur 36 centimètres de largeur, porte un numéro d'ordre en chiffres de 10 centimètres de hauteur, l'inscription : « Loi du 16 juillet 1912 » et l'estampille du ministère de l'intérieur. Elle est apposée à l'arrière de la voiture d'une façon apparente.

Dans le cas où cette plaque serait délivrée postérieurement au carnet collectif, mention doit en être faite audit carnet et avis en est donné au ministère de l'intérieur.

En cas de perte de la plaque, le chef de famille ou de groupe fait immédiatement une déclaration de perte à la préfecture ou à la sous-préfecture de l'arrondissement dans lequel il se trouve. Un récépissé de la déclaration de perte lui est délivré. Les préfectures et les sous-préfectures signalent sans retard au ministère de l'intérieur les déclarations de perte de plaques qui leur sont faites.

Dans le cas où une nouvelle plaque est remise au nomade, il doit restituer le récépissé de déclaration de perte dont il est porteur. Mention de la remise de la nouvelle plaque est faite au carnet collectif, et avis en est donné au ministère de l'intérieur.

XXV. *Vente ou destruction de voiture*. — En cas de vente ou de destruction de voiture, le chef de famille ou de groupe doit en faire la déclaration à la préfecture ou à la sous-préfecture de l'arrondissement dans lequel il se trouve.

S'il remplace immédiatement la voiture vendue ou détruite, la plaque dont celle-ci était munie est apposée sur le nouveau véhicule dont la description sera portée sur le carnet collectif.

Si le chef de famille ou de groupe ne remplace pas immédiatement la voiture vendue ou détruite, il doit déposer la plaque à la préfecture ou à la sous-préfecture. Mention de la suppression de voiture et du dépôt de la plaque est faite au carnet collectif.

Les préfectures et les sous-préfectures signalent sans retard au ministère de l'intérieur les déclarations de pertes de plaques, les ventes ou destructions de voitures, les dépôts de plaques et les appositions de plaques sur les nouveaux véhicules.

XXVI. *Nomades venant de l'étranger*. — L'article 3, § 3 de la loi du 16 juillet 1912 spécifie que les nomades venant de l'étranger ne seront admis à circuler en France qu'à la condition de justifier d'une identité certaine, constatée par la production de pièces authentiques, tant pour eux-mêmes que pour toutes personnes voyageant avec eux. En vue d'éviter l'envahissement du territoire français par des bandes de nomades qu'il serait ensuite très difficile de refouler au dehors, les préfets et les sous-préfets des départements limitrophes des Etats étrangers ne devront jamais délivrer de carnet anthropométrique aux nomades de ces Etats, s'ils ne sont pas porteurs de pièces authentiques, établissant qu'ils possèdent la nationalité française. En conséquence, des instructions devront être données aux commissaires spéciaux et aux brigades de gendarmerie de la frontière ainsi qu'aux douaniers, pour leur prescrire de s'opposer formellement à l'entrée de tous nomades autres que ceux qui justifieraient de leur qualité de Français. Des arrêtés d'expulsion devraient être immédiatement pris par application de l'article 7, § 3 de la loi du 3 décembre 1849 contre les nomades étrangers qui, trompant la surveillance des autorités, seraient parvenus à pénétrer sur notre territoire.

XXVII. *Sanctions pénales.* — L'article 3 de la loi du 16 juillet 1912 punit des peines édictées contre le vagabondage (art. 269 et suivants du Code pénal) les nomades circulant en France sans être munis du carnet anthropométrique d'identité; ceux qui, séjournant dans une commune, n'ont pas fait viser leurs carnets à l'arrivée et au départ, ou qui auront refusé de présenter leurs carnets à toute réquisition des officiers de police judiciaire ou des agents de la force ou de l'autorité publique.

L'article 4 de la loi punit des peines portées aux articles 479 et 480 du Code pénal, tout nomade qui aura négligé de faire mentionner sur le carnet collectif, par les officiers de l'état-civil, les naissances, les mariages, les divorces, les décès concernant des personnes appartenant à la famille ou au groupe.

Les articles 5 et 6 punissent de peines correctionnelles la fabrication d'un faux carnet d'identité ou d'une fausse plaque de contrôle spécial; l'altération ou la falsification d'un carnet d'identité originairement véritable, ou d'une plaque de contrôle spécial; l'usage sciemment fait d'un carnet d'identité fabriqué, altéré ou falsifié; l'emploi d'un nom supposé pour obtenir un carnet; l'usage d'un carnet délivré sous un autre nom que celui du porteur ou ne s'appliquant pas à sa personne.

En cas d'infraction, procès-verbal sera dressé et les délinquants devront être déférés au parquet.

XXVIII. — *Saisie des voitures et des animaux des nomades.* — L'article 7 de la loi du 16 juillet 1912 dispose qu'en cas d'infraction soit à cette loi, soit aux lois et règlements de police, les voitures et animaux des nomades pourront être provisoirement retenus, à moins de caution suffisante. Les frais de fourrière seront à la charge des délinquants ou contrevenants; au cas de non payement, le jugement de condamnation ordonnera la vente dans les formes prévues par l'article 617 du code de procédure civile.

La stricte application de cet article sera l'un des moyens de répression les plus efficaces. Il conviendra d'y recourir le plus souvent possible.

Les dispositions des articles 39 et 40 du décret du 18 juin 1811 sur les frais de justice et de l'article 617 du code de procédure civile sont applicables aux voitures et animaux des nomades mis en fourrière en vertu de l'article 7 de la loi du 16 juillet 1912.

En outre, il y aura lieu de se conformer aux prescriptions du paragraphe 25 de la présente circulaire, relatif à la vente ou destruction de voitures.

XXIX. *Stationnement des nomades.* — L'article 3 de la loi du 16 juillet 1912 spécifie que la délivrance du carnet anthropométrique d'identité ne fait pas obstacle à l'exercice des droits reconnus aux maires sur le territoire de leurs communes par les lois et règlements relatifs au stationnement des nomades.

Il s'en suit que les maires conservent le droit d'interdire le stationnement sur la voie publique ou sur les terrains communaux des voitures servant au logement des bohémiens, romanichels ou autres nomades. Les préfets ont le même droit dans l'étendue de leur département. Il convient de remarquer, à cette occasion, que la plupart des arrêtés préfectoraux contiennent une disposition prescrivant que les nomades seront refoulés par les soins de la gendarmerie dans la direction de leur pays d'origine, reconnu ou présumé. Cette disposition ne peut avoir d'efficacité qu'en ce qui concerne les étrangers appartenant à un Etat limitrophe de la France et dont la nationalité est bien établie. Dans le cas contraire, les nomades seraient certainement repoussés sur notre territoire par les nations voisines, comme cela s'est produit à de nombreuses reprises. Par suite, le refoulement d'une bande de nomades de département à département ne fait que déplacer, sans les supprimer, les inconvénients résultant de leur présence en France.

XXX. *Communications concernant les nomades.* — Toutes les communications relatives aux nomades doivent être envoyées au ministère de l'intérieur, sous le timbre de la direction de la sûreté générale (contrôle général des services de recherches judiciaires). Les dépêches télégraphiques doivent porter l'adresse suivante : « Intérieur, sûreté, recherches, Paris. »

IV. — **Dispositions générales.**

(Art. 8 et 13 de la loi du 16 juillet 1912.)

XXXI. Les dispositions visant les marchands ambulants, les forains et les nomades ne sont pas applicables aux salariés de toute catégorie qui travaillent d'habitude dans les entreprises industrielles, commerciales ou agricoles. On peut citer, à titre d'exemple, les voyageurs de commerce, les livreurs de marchandises à domicile, les ouvriers quittant leur résidence habituelle pour aller faire la moisson ou les vendanges dans une autre région, ou pour aller travailler sur des chantiers de construction de routes, de chemins de fer, de canaux; les mariniers circulant sur les fleuves, rivières ou canaux.

XXXII. Il n'est en rien dérogé aux lois et règlements en vigueur concernant les pouvoirs du préfet de police, des préfets des départements et des autorités municipales pour la police de la voie publique, des halles, marchés, fêtes locales et généralement pour la protection du bon ordre, de la sûreté ou de la salubrité publiques.

Le Ministre de l'intérieur,

L.-L. KLOTZ.

Le Ministre de l'intérieur à MM. les Préfets.

Paris, le 22 octobre 1913.

Des instructions générales viennent de vous être adressées en exécution du décret du 16 février 1913 pour la mise en application de la loi du 16 juillet 1912 sur la circulation des ambulants, forains et nomades. A ces instructions doivent se rattacher les mesures prophylactiques qui visent chacune des catégories d'assujettis et qui font l'objet d'un décret spécial portant règlement d'administration publique en date du 3 mai 1913.

Ce règlement, pris en vertu de l'article 11 de la loi, a été publié au numéro du *Journal officiel* du 28 juin; il se trouve également reproduit en annexe à la présente circulaire.

Les dispositions qu'il contient déterminent :

1° Les mesures préventives que comportent à titre permanent

les vaccinations et revaccinations antivarioliques pour les trois groupes d'assujettis;

2° Les mesures prophylactiques proprement dites éventuellement motivées par l'apparition de maladies épidémiques ou contagieuses parmi les forains ou les nomades.

Dans tous les cas prévus, les circonstances constatées ou les opérations pratiquées sont relatées soit sur les registres de déclaration, soit sur des feuillets spéciaux annexés aux carnets d'identité. Les modèles de ces feuillets, dits feuillets sanitaires, ont été approuvés par arrêté ministériel du 30 juin 1913, conformément à l'article 11 du décret; ils seront incorporés aux carnets qu'il vous appartient, concurremment avec les sous-préfets, de délivrer aux intéressés.

Ces feuillets comprennent quatre modèles différents, dont deux concernant les forains et deux les nomades; voici la composition de chacun des fascicules :

FORAINS.

1. — Annexe normale au carnet d'identité individuel.

Extrait du décret.
Certificat initial de vaccination ou revaccination.
Certificat éventuel de revaccination.
Relevé des maladies et des mesures prophylactiques.

1 *bis.* — Annexe supplémentaire et éventuel du carnet d'identité
du chef de famille ou d'établissement.

Certificats de vaccination ou revaccination applicables aux enfants non pourvus de carnet individuel.

Relevé des cas de maladie et des mesures prophylactiques appliquées pour l'ensemble de la famille ou de l'établissement.

NOMADES.

2. — Annexe normale au carnet anthropométrique d'identité.

Extrait du décret.
Certificat initial de vaccination ou revaccination.
Certificats ultérieurs de revaccination.
Relevé des maladies et des mesures prophylactiques.

3. — Annexe normale au carnet collectif.

Extrait du décret.

Certificats de vaccination ou revaccination applicables aux enfants non pourvus de carnet individuel.

Certificats ultérieurs de revaccination concernant les mêmes enfants.

Relevé des cas de maladie et des mesures prophylactiques appliquées pour l'ensemble de la famille ou du groupe.

Les feuillets aux forains se dédoublent, ainsi qu'on le voit par le sommaire ci-dessus, suivant qu'ils se réfèrent uniquement à l'individu isolé ou, par surcroît, à un chef de famille ou d'établissement. Le premier feuillet est normalement compris dans le carnet d'identité; le deuxième y est éventuellement annexé en supplément.

Les préfets ou sous-préfets disposent à cet effet d'un approvisionnement de feuillets spéciaux et, chaque fois qu'il s'agit d'un forain ayant dès maintenant ou susceptible d'avoir ultérieurement sous sa dépendance une ou plusieurs autres personnes, un exemplaire desdits feuillets est collé sur l'onglet qui est préparé pour le recevoir à la dernière page du carnet d'identité. Le renouvellement des mêmes formules sera assuré par les soins de la direction de l'assistance et de l'hygiène publiques sur la demande qui lui en sera faite indiquant le nombre d'exemplaires nécessaire. Il en sera de même pour les autres feuillets sanitaires dans le cas — peu probable jusqu'à un certain temps — où ces feuillets seraient épuisés ou deviendraient insuffisants avant la mise hors de service des carnets eux-mêmes. Il pourrait se faire notamment que, par suite de l'importance inusitée de la collectivité intéressée, le feuillet dût être doublé ou triplé.

Les feuillets ainsi établis et tenus constamment à jour serviront de base à une surveillance continue et méthodique de la part tant des autorités départementales et municipales auxquelles incombe la protection de la santé publique, que des agents de la force publique, appelés à contrôler et, au besoin, à sanctionner l'observation des prescriptions imposées. En vue d'assurer cette coopération, les fonctionnaires et agents des polices municipale, spéciale et mobile, les gendarmes et les gardes champêtres devront signaler aux maires, aussi rapidement que possible, tous faits ou incidents se rapportant à l'application des présentes instructions et spécialement les cas de maladies dont paraîtraient atteints les forains ou les nomades.

Les règles applicables en conséquence, les conditions dans lesquelles la surveillance devra s'exercer, le rôle des autorités responsables, les obligations des assujettis de chaque catégorie vont être successivement analysés et commentés dans l'ordre du décret.

I. — Mesures spéciales a la vaccination et a la revaccination antivarioliques.

Ces mesures diffèrent pratiquement suivant qu'il s'agit des ambulants, des forains ou des nomades.

a) Ambulants.

Les ambulants, quelle que soit leur nationalité, sont ceux qui sont domiciliés en France ou y possèdent une résidence fixe.

Pour cette catégorie, les obligations imposées sont réduites au minimum; en raison des garanties qui résultent de leur situation domiciliaire, il a paru qu'il suffirait d'assurer l'exacte application à leur égard des prescriptions résultant de l'article 6 de la loi du 15 février 1902.

En conséquence, tout individu âgé de moins de 21 ans doit, soit au moment où il fait à la préfecture ou à la sous-préfecture de sa résidence la déclaration exigée pour exercer sa profession, soit dans un délai d'un mois à dater de cette déclaration, justifier qu'il a subi, conformément à la loi susvisée, une vaccination ou revaccination.

Cette justification est fournie par la présentation d'un certificat dûment légalisé dans la forme du modèle n° 10 annexé à la circulaire ministérielle du 25 janvier 1907.

Les indications essentielles comportant la date de la vaccination ou revaccination, le nom et l'adresse du vaccinateur, le résultat constaté, sont reproduites en note sur la formule de déclaration, en même temps que mention de la justification présentée est inscrite au verso du récépissé.

Lorsque le délai d'un mois est imparti, les assujettis doivent être expressément avertis des sanctions pénales auxquelles les exposerait la non-observation de la prescription imposée; ils seront convoqués dès l'expiration du délai et, s'ils ne se sont pas mis en règle, avis en sera immédiatement adressé au parquet.

Toutes indications seront en outre données aux intéressés s'ils le désirent ou si leur état d'indigence le comporte pour leur permettre de s'adresser à un service public de vaccine ou à un médecin vaccinateur qualifié, dans les conditions dès maintenant indiquées par les instructions du 25 janvier 1907.

Le relevé récapitulatif annuel (modèle 7) qui doit être établi en vertu de ces instructions relatera d'une façon particulière le nombre des ambulants qui auront fait l'objet des dispositions sus-indiquées et les conditions dans lesquelles celles-ci auront été appliquées à leur égard.

J'ajoute que les mentions justificatives ci-dessus prévues, pour lesquelles aucun imprimé spécial n'a été établi, devront être ajoutées soit à la main, soit à l'aide d'un timbre humide, sur les formules de déclaration et de récépissé.

b) Forains.

Les assujettis compris sous cette désignation sont ceux qui, bien que de nationalité française, n'ont en France ni domicile, ni résidence fixe.

Ils sont tenus, soit pour eux-mêmes, soit pour les enfants de moins de 13 ans qui font partie de leur famille ou de leur établissement, de fournir la justification que les uns et les autres ont été vaccinés ou revaccinés avec succès depuis moins de dix ans. Cette justification doit être fournie en même temps que les éléments d'identité exigés par l'article 4 du décret du 16 février pour motiver la délivrance du carnet d'identité.

Si les intéressés ne peuvent produire la preuve ainsi demandée, ils sont mis en demeure de se soumettre, eux ou les enfants qui dépendent d'eux, à une vaccination ou à une revaccination nouvelle dans le délai de huit jours, délai qui part de la date de la mise en demeure.

L'indication de la justification fournie ou de la mise en demeure adressée est portée sur le feuillet sanitaire individuel s'il s'agit d'un isolé, sur le feuillet du chef de famille ou d'établissement s'il s'agit d'un enfant de moins de 13 ans.

Comme il a été dit en ce qui concerne les ambulants, tous les renseignements utiles doivent être donnés aux assujettis pour leur faciliter l'accomplissement des prescriptions imposées. Il appartiendra le plus souvent, soit aux médecins vaccinateurs du service départemental, soit aux bureaux municipaux d'hygiène des villes dans lesquelles séjournent les nomades, d'assurer et de contrôler l'exécution de ces prescriptions en tenant compte autant que possible du passage des forains dans les localités où ils résident et en utilisant la durée de leur séjour dans ces localités.

c) Nomades.

Les nomades qui, quelle que soit leur nationalité, circulent en France sans résidence ni domicile fixes dans les conditions résultant de l'article 3 de la loi, sont invités à fournir, lorsqu'ils sollicitent la remise d'un carnet anthropométrique d'identité, un certificat constatant qu'ils ont été vaccinés ou revaccinés avec succès depuis moins de dix ans. Cette justification, semblable à celle qui est exigée des forains, est inscrite au feuillet sanitaire du carnet d'identité pour les individus pourvus de ce carnet et du carnet collectif pour les enfants de moins de 13 ans.

Dans le cas où la justification ci-dessus ne peut être présentée, la procédure applicable diffère de celle des forains en ce sens que c'est non plus le préfet ou le sous-préfet, mais le maire qui enjoint à l'assujetti de se soumettre ou de soumettre les mineurs de 13 ans relevant de sa famille ou de son groupe aux vaccinations ou revaccinations légales.

Là où existent des bureaux d'hygiène, ceux-ci paraîtront de préférence indiqués pour procéder aux opérations dans les meilleures conditions de temps et de contrôle lors du passage plus ou moins périodique des nomades dans les villes.

Exceptionnellement, les services départementaux auront à intervenir, notamment pour certains assujettis qui seraient signalés comme évitant le séjour des communes importantes ou lorsque les maires en feraient expressément la demande. Ce seront, sans aucun doute, des cas d'espèce que l'expérience ou les circonstances permettront seules de régler.

La date des vaccinations et revaccinations pratiquées, ainsi que leur résultat, seront portés sur le feuillet sanitaire individuel ou collectif suivant la distinction déjà faite pour la justification initiale.

On remarquera, d'autre part, que l'article 3 du décret du 3 mai ne fixe pas de délai pour la période pendant laquelle l'assujetti vacciné ou revacciné sans succès pourra être astreint de nouveau à subir l'inoculation vaccinale. Par suite, en droit strict, les autorités municipales seraient fondées à renouveler leur injonction aussi longtemps qu'un résultat positif n'aurait pas été obtenu. Une telle pratique constituerait un abus préjudiciable au véritable but préventif poursuivi. En fait, et à moins de circonstances exceptionnelles, telles que la constatation de cas de variole dans l'une des communes où ont récemment séjourné les assujettis, il n'y a pas lieu de provoquer de nouvelles revaccinations

sur des sujets pour qui la dernière opération remonte à moins
de cinq ans. C'est un point sur lequel il sera utile d'appeler l'attention toute spéciale des maires.

II. — Mesures générales de prophylaxie.

L'application des mesures générales de prophylaxie prévues
par le titre II du décret du 3 mai est commune aux forains et
aux nomades, à l'exclusion des ambulants.

L'article 5 pose le principe d'après lequel le maire a qualité
et pouvoir d'une part pour faire vérifier, dès l'arrivée d'un forain
ou d'un nomade sur le territoire de sa commune, l'état de santé
de celui-ci ainsi que des individus qui l'accompagneraient, d'autre part pour faire procéder à la visite sanitaire des voitures ou
locaux occupés par des forains ou nomades pendant tout le cours
de leur séjour sur ladite commune.

L'intérêt de cette disposition essentielle ne saurait échapper
aux municipalités; elle marque leur devoir et leur responsabilité
pour reconnaître d'une façon presque immédiate la manifestation
d'une maladie transmissible et empêcher par les précautions
requises d'isolement et de désinfection sa propagation soit aux
habitants de la localité, soit à ceux des localités ultérieurement
traversées. Les directeurs des bureaux d'hygiène y trouveront
la plus utile occasion d'intervenir pour assurer à la santé publique les garanties les plus favorables aux collectivités comme
aux assujettis eux-mêmes.

Si donc le maire apprend par la surveillance exercée qu'un cas
de maladie ou un décès vient de se produire dans le local occupé
par un forain ou un nomade, il charge sans retard un médecin
de visiter le malade ou de constater le décès.

Le médecin reconnaît-il dans l'une ou l'autre hypothèse qu'il
s'agit de l'une des maladies visées par l'article 4 de la loi du
15 février 1902 et énumérées sous les nos 1 à 22 par le décret
du 10 février 1902, il en avisera aussitôt le maire et simultanément le préfet ou le sous-préfet dont relève l'arrondissement dans
lequel est située la commune en cause.

Le maire prescrit les dispositions que nécessite l'isolement ou
l'hospitalisation du malade d'accord avec son bureau d'hygiène
s'il en existe ou, à défaut, avec le médecin qu'il a désigné en
dehors de ce bureau. S'il s'agit d'une commune dépourvue de
ressources, le préfet ou le sous-préfet provoque d'urgence les

moyens d'y suppléer et délègue à cet effet le médecin des épidémies.

La désinfection est effectuée par les services municipaux pour les villes de 20.000 habitants et au-dessus, par le service départemental pour les communes de moindre importance, dans le moindre délai et suivant les instructions applicables en pareille matière. La dépense est réglée, sans qu'il soit utile d'insister sur ce point, conformément aux règles fixées par le règlement d'administration publique du 10 juillet 1906 et les circulaires ministérielles des 29 janvier et 18 mars 1907.

Pour compléter enfin ces dispositions, les feuillets sanitaires annexes aux carnets d'identité prévoient l'inscription sommaire des conditions dans lesquelles sont intervenues les mesures prophylactiques réalisées.

Les noms et prénoms des individus atteints, leur sexe et leur âge, le numéro de la maladie d'après la liste insérée dans le décret de 1903 sont inscrits par le médecin. Le maire ou le chef de poste de désinfection, l'un et l'autre s'il y a lieu, ajoutent la mention des mesures prophylactiques correspondantes.

Si l'assujetti appartient à un groupe de famille ou d'établissement, les mêmes mentions, qui intéressent la collectivité, sont reproduites soit au feuillet annexe du carnet du chef de famille ou d'établissement forain, soit au carnet collectif des nomades.

En résumé, les attributions respectives des autorités départementales et municipales sont ainsi déterminées :

AUTORITÉS DÉPARTEMENTALES.

I. — Dans chaque arrondissement, le préfet, pour l'arrondissement chef-lieu, ou le sous-préfet, appelé à recevoir les déclarations ou à délivrer les carnets d'identité, assure, en même temps qu'il enregistre ces déclarations (ambulants) ou qu'il établit ces carnets (forains ou nomades), l'exécution de l'obligation vaccinale.

Cette obligation consiste à produire un certificat de vaccine établi soit précédemment, soit, en ce qui concerne les ambulants et les forains, dans un délai stipulé.

Pour les ambulants (âgés de moins de 21 ans), le délai est d'un mois.

Pour les forains, il est de huit jours.

Toutes indications et facilités sont données aux intéressés pour se mettre en règle, avec le concours éventuel des médecins vaccinateurs ou des bureaux d'hygiène.

Mention des certificats ou mises en demeure est régulièrement inscrite sur les feuillets sanitaires, qu'il s'agisse d'individus pourvus de carnets ou d'enfants mineurs appartenant aux familles, établissements ou groupes en cause.

Les rapports annuels sur le fonctionnement des services de vaccine rendent compte spécialement des dispositions appliquées en conséquence.

II. — Dans chaque arrondissement, les mêmes autorités sont prévenues de tout cas de maladie contagieuse ou transmissible qui serait relevé parmi les forains ou nomades; — elles veillent à la stricte exécution des mesures de prophylaxie rendues nécessaires; — elles les provoquent au besoin et apportent aux municipalités le concours des services départementaux (épidémies, désinfection, inspection et contrôle); — elles mettent à la charge de ces services les dépenses qui peuvent respectivement leur incomber.

Les chefs de poste des services départementaux de désinfection mentionnent sur les feuillets sanitaires les dates et les conditions des opérations qui ont été effectuées par leurs soins.

AUTORITÉS MUNICIPALES.

I. — En matière de vaccine, les maires enjoignent aux nomades, toutes les fois que les renseignements fournis par les feuillets sanitaires ou que des circonstances locales exceptionnelles le comportent, de se soumettre ou de soumettre les enfants âgés de moins de 13 ans à une vaccination ou à une revaccination.

Cette opération est effectuée par les bureaux d'hygiène existant ou par les médecins vaccinateurs départementaux.

Les maires inscrivent sur les carnets les injonctions qu'ils ont formulées et le font viser par le titulaire du carnet.

II. — Les maires ont tout pouvoir pour s'assurer de la santé des forains et nomades comme de la salubrité des locaux qu'ils occupent.

En cas de maladie ou de décès, ils délèguent un médecin et, sur l'avis de celui-ci, prescrivent les mesures prophylactiques jugées nécessaires, avec le concours, s'il y a lieu, des services départementaux.

Les dépenses engagées de ce chef sont à la charge des services municipaux lorsqu'il s'agit de villes ou communes devant légalement posséder un bureau d'hygiène.

Tel est l'ensemble des garanties que la nouvelle réglementation, associant les intérêts de la sûreté et de l'hygiène, doit apporter à la protection de la santé publique. Grâce au contrôle incessant des carnets d'identité, effectué concurremment par les agents de la force publique et par les diverses autorités chargées des services d'hygiène, il est permis de penser qu'aucune des causes de transmission de maladie précédemment imputables à la libre circulation des forains ou des nomades en particulier ne pourra plus se produire. Si elle se produit, elle ne saurait provenir que d'une faute lourde due à la négligence d'une municipalité et d'un service public qui devra en assumer toute la responsabilité.

J'estime que, pratiquement, la plus large part des résultats à atteindre reviendra aux bureaux d'hygiène. Ce sont ces organes qui, par leur intervention permanente, vigilante et expérimentée, feront pénétrer rapidement et sûrement dans les mœurs des assujettis des habitudes nouvelles dont bénéficieront grandement toutes les autres collectivités. Je ne doute pas que les directeurs des bureaux d'hygiène ne sachent mettre à profit avec empressement dans ce but des dispositions qui renforcent l'autorité dont ils relèvent.

Vous voudrez bien, Monsieur le Préfet, dès réception de la présente circulaire, en informer MM. les Maires, MM. les Médecins des épidémies, M. l'Inspecteur départemental ou M. le Contrôleur du service départemental de désinfection, en accompagnant cette communication des indications que pourrait comporter l'organisation sanitaire spéciale de votre département.

Je vous adresse, en outre, quelques exemplaires en nombre suffisant pour être remis à MM. les Sous-Préfets.

L.-L. Klotz.

ANNEXE.

Décret du 3 mai 1913 portant règlement d'administration publique en exécution de l'article 11 de la loi du 16 juillet 1912 pour déterminer les mesures applicables aux ambulants, forains et nomades en matière de prophylaxie.

Le Président de la République française,

Sur le rapport du Ministre de l'intérieur,

Vu la loi du 16 juillet 1912 et notamment l'article 11 ainsi conçu :

« Un règlement spécial d'administration publique, rendu après avis du conseil supérieur d'hygiène publique de France, déterminera les mesures de prophylaxie, notamment les vaccinations et revaccinations périodiques, auxquelles devront être soumis tous les ambulants, forains et nomades, ainsi que les étrangers visés à l'article 9 assujettis à la présente loi.

« Les infractions aux dispositions de ce règlement d'administration publique seront punies d'un emprisonnement de six jours à un mois et d'une amende de 16 à 200 francs ou de l'une de ces deux peines seulement »;

Vu la loi du 5 avril 1884 et notamment l'article 97, 6°;

Vu la loi du 15 juillet 1893;

Vu la loi du 15 février 1902;

Vu les décrets portant règlement d'administration publique des 27 juillet 1903 et 10 juillet 1906;

Vu le décret du 10 février 1903;

Vu le décret portant règlement d'administration publique sur l'exercice des professions ambulantes et la réglementation de la circulation des nomades en date du 16 février 1913;

Le Conseil d'Etat entendu,

Décrète :

TITRE Ier.

MESURES SPÉCIALES A LA VACCINATION ET A LA REVACCINATION ANTIVARIOLIQUES.

Art. 1er. Les ambulants doivent, au moment de leur déclaration, justifier qu'ils ont satisfait aux obligations édictées par l'article 6 de la loi du 15 février 1902. Faute de fournir cette justification, ils sont tenus de se soumettre aux prescriptions édictées par la loi susvisée du 15 février 1902 dans le délai d'un mois.

Mention de la justification est portée au verso du récépissé de déclaration et en note sur la déclaration elle-même.

Art. 2. Les forains, ainsi que les individus, sans domicile ni résidence fixe, qui les accompagnent, doivent, au moment où ils demandent leur carnet d'identité, fournir un certificat constatant qu'ils ont été vaccinés ou revaccinés avec succès depuis moins de dix ans. Faute de fournir cette justification, ils sont tenus de se soumettre à une vaccination ou à une revaccination nouvelle dans le délai de huitaine, à partir de la mise en demeure qui leur aura été adressée.

Mention de la justification ou de la mise en demeure qui leur a été faite est portée sur un feuillet spécial annexé au carnet d'identité.

Art. 3. Les nomades doivent fournir un certificat constatant qu'ils ont été vaccinés ou revaccinés avec succès depuis moins de dix ans. Faute de fournir cette justification, ils sont tenus de se soumettre, sur l'injonction qui leur est faite par le maire, à une vaccination ou revaccination immédiate.

Mention de cette justification ou du résultat de l'opération est portée sur les feuillets spéciaux annexés au carnet anthropométrique d'identité et au carnet collectif.

Art. 4. La date de ces vaccinations ou revaccinations, ainsi que leur résultat, sont mentionnés pour chaque individu par le médecin vaccinateur sur les feuillets spéciaux.

Les indications se rapportant aux enfants qui ne sont pas pourvus de carnets d'identité sont portées soit sur le carnet d'identité du chef de famille ou d'établissement pour les forains, soit sur le carnet collectif pour les nomades.

TIRRE II.

MESURES GÉNÉRALES DE PROPHYLAXIE.

Art. 5. Dès qu'un forain ou un nomade arrive dans une commune, le maire est en droit de faire vérifier son état de santé, ainsi que celui des individus qui l'accompagnent.

Pendant le séjour des forains ou des nomades dans une commune, le maire peut, quand il le juge nécessaire, faire procéder à la visite de leurs voitures ou des locaux qu'ils occupent pour vérifier tant l'état de santé des individus que la salubrité des locaux et des voitures.

Art. 6. Si le maire apprend qu'un cas de maladie ou un décès s'est produit dans un local occupé par un forain ou par un nomade, il doit sans retard faire visiter le malade ou constater le décès par un médecin.

Art. 7. Si le médecin constate un cas de maladie transmissible visé par l'article 4 de la loi du 15 février 1902 et le décret du 10 février 1903, pris en exécution dudit article, il en prévient sans délai le maire, en même temps que le préfet pour l'arrondissement chef-lieu ou le sous-préfet pour les autres arrondissements. Dans ce cas, il est procédé à la désinfection en cours de maladie, après transport, guérison ou décès, ainsi qu'à la destruction des objets contaminés, dans les conditions indiquées par la loi du 15 février 1902 et par le décret portant règlement d'administration publique du 10 juillet 1906.

Art. 8. Le maire prend toutes mesures utiles pour assurer, eu égard aux ressources ou aux circonstances locales, l'isolement ou l'hospitalisation du malade.

Art. 9. Les dépenses relatives aux mesures prophylactiques prévues par l'article 7 du présent règlement sont réparties suivant les règles fixées par l'article 26 de la loi du 15 février 1902, complété par la loi du 22 juin 1906.

Art. 10. Les dispositions prises en vertu du présent titre sont mentionnées sur un feuillet distinct annexé pour les forains au carnet d'identité du chef de famille ou d'établissement, pour les nomades aux carnets anthropométriques et collectifs. Le médecin inscrit sur ce feuillet les nom, prénoms, sexe et âge du malade, ainsi que le numéro de la maladie, suivant la nomenclature établie par le décret du 10 février 1903. Le maire ou le chef de poste de désinfection indique sommairement, sur les feuillets susvisés, les mesures de prophylaxie appliquées.

TITRE III.

DISPOSITIONS GÉNÉRALES.

Art. 11. Le modèle des feuillets sanitaires annexés au carnet d'identité des forains et aux carnets anthropométriques et collectifs des nomades est arrêté par le Ministre de l'intérieur. Ces feuillets sont délivrés par les préfectures et les sous-préfectures dans les mêmes conditions que les carnets prévus par la loi. Ils doivent être présentés à toute réquisition des agents de l'autorité et de la force publique.

Art. 12. L'emploi de faux feuillets sanitaires, la mention ou l'usage d'indications mensongères sur les feuillets délivrés par l'administration, sont des infractions aux prescriptions concernant la représentation des feuillets dont l'établissement est prévu par les articles 2, 3 et 10, sans préjudice des poursuites judiciaires qui pourraient être intentées, en vertu du Code pénal, pour faux et usage de faux.

Art. 13. Il sera statué ultérieurement sur le régime applicable : 1° à la ville de Paris et au département de la Seine; 2° à l'Algérie et aux colonies de la Guadeloupe, de la Martinique et de la Réunion; 3° aux étrangers visés par l'article 9 de la loi du 16 juillet 1912.

Art. 14. Le Ministre de l'intérieur est chargé de l'exécution du présent décret, qui sera publié au *Journal officiel* de la République française et inséré au *Bulletin des lois*.

Fait à Paris, le 3 mai 1913.

R. POINCARÉ.

Par le Président de la République,
Le Ministre de l'intérieur,
L.-L. KLOTZ.

TABLE CHRONOLOGIQUE

TABLE ANALYTIQUE

Décret du 16 février 1913.

Titres.

Circulaire du 3 octobre 1913.

I. — MARCHANDS AMBULANTS.

TABLE ALPHABÉTIQUE

(Les chiffres renvoient aux pages de la brochure.)

A

C

Paris et Limoges. — Imprimerie militaire Henri CHARLES-LAVAUZELLE.